AF237503

Ingrid Biering

Von Heute auf Morgen

Mein Leben mit einem Stoma

Bibliografische Information der Deutschen Nationalbibliothek: Die Deutsche Nationalbibliothek verzeichnet diese Publikation in der Deutschen Nationalbibliografie; detaillierte bibliografische Daten sind im Internet über dnb.dnb.de abrufbar.

© 2018 Ingrid Biering

Herstellung und Verlag:

BoD – Books on Demand, Norderstedt

ISBN: 9783752888256

Vorwort

„Stoma", ein nicht allen geläufiges Wort, eher bekannt unter „künstlicher Darmausgang", eine furchtbare Vorstellung, auch für mich!

Mir war das sehr wohl ein Begriff, aber ich brachte das nur mit älteren oder krebskranken Menschen in Verbindung. Niemals hätte ich geglaubt, dass es auch junge oder gesunde Menschen treffen könnte. Vor allem nicht von heute auf morgen und vor allem nicht mich!

Mit diesem Buch möchte ich all den vielen Stomaträgern, egal ob jung oder alt, ob krank oder gesund, Mut machen, ihnen zeigen, wie so ein Leben, mit nur etwas positiver Einstellung, doch ganz gut zu meistern ist.

Dazu möchte ich Euch eine Geschichte erzählen, nämlich meine Geschichte.

Ich hatte ein Ileostoma, die Fachbegriffe könnt ihr gerne beim Herrn Google nachlesen, mir war das nämlich komplett egal, Stoma bedeutet für mich, Beutel am Bauch, aus welchen Gründen auch immer.

Als ich damit konfrontiert wurde war ich auch erst mal überfordert. Als ich wieder klar im Kopf war und begonnen hatte mich damit auseinanderzusetzen und abzufinden, konnte ich keine Information im Netz finden, die mich auch nur einen kleinen Schritt weitergebracht hätte. Sicher gab es Fachliteratur, dann Broschüren, mit Erfahrungsberichten, wie toll das doch alles klappt, aber so weit war ich ja noch nicht. Darum dachte ich, dann muss ich wohl selber ein Buch schreiben,

Es sollte kein trockenes, fachliches Buch werden, nein, sicher nicht, weil das ja gar nicht zu mir gepasst hätte.

Eher eine amüsante Unterhaltungslektüre, die den Alltag mit einem Stoma, mit alle seinen Tücken beschreibt und den einen oder anderen doch mal zum Schmunzeln bringt. Denn je eher man das Stoma akzeptiert, desto leichter lebt es sich mit ihm.

In meiner Zeit als Stomaträger, auch Beuteltier genannt, habe ich sehr viele nette Leute, vor allem über die sozialen Netzwerke kennengelernt.

Immer wieder ist mir aufgefallen, dass manche versuchen es zu vertuschen, sich selber verstecken oder sich gar dafür schämen.

Das versteh ich nun absolut nicht, ich hätte ohne Stoma wohl nicht überlebt, und ich werde mich ganz gewiss nicht für etwas schämen, das mir das Leben gerettet hat, ganz sicher nicht!

Lieber einen Beutel am Bauch als einen Zettel am Zeh!

Dieses Buch widme ich vor allem meinen Chirurgen Oberarzt Dr. Murr mit seinem Team,

der Station 6 im Klinikum Vilshofen,

meinem Partner Sigi,

meiner Mama, als Überraschung zu ihrem Geburtstag

meinen Freundinnen Monika Ehmann

und Andrea Oswald

Zu meiner Person

Ich war gerade mal 51 Jahre alt, natürlich in der Blüte meines Lebens.

Mutter von drei erwachsenen Kindern, Oma von drei tollen Enkelsöhnen, in einer harmonischen Beziehung, die hier in der Geschichte auch eine große Rolle spielt.

Beruflich war ich bereits seit über zwanzig Jahren erfolgreich als selbstständige Propagandistin.

Ihr wisst nicht was das ist? Ihr kennt sie alle. Das sind die freundlichen Damen, die euch im Einkaufsmarkt, mit strahlendem Lächeln im Gesicht, hinter einen Stand stehend fragen, ob ihr probieren wollt.

Ich kannte jeden Markt, egal ob Real, Edeka, Rewe, Kaufland oder Globus in Niederbayern und der Oberpfalz. In all den Jahrzehnten musste ich mich niemals für einen Einsatz bewerben, ich hatte immer Anfragen und gute Einsätze

Ja genauso eine war ich. Und ich liebte meinen Job mit Herz und Seele.

Es war immer toll, wo immer ich hinkam, freute sich jeder, alle kannten mich.

Es passierte mir oft, wenn ich in einen neuen Markt musste, oder eine Neueröffnung hatte, dass mich der Marktleiter herzlich begrüßte und sagte, es würde ihn freuen, dass ich für ihn einen Einsatz machte, mein guter Ruf würde mir schon vorauseilen.

Ähnliches passierte auch bei Events oder Messen. Der Manager sagte dann zu meinen Standnachbarn: „Hängt euch rein, die Firma, mit dem Stand zwischen euch, schickt sein bestes Pferd ins Rennen."

Mir lag der Job einfach. Bevor meine Kolleginnen die Kunden nur angesprochen hatten, hatte ich schon verkauft.

Mein großes Hobby waren meine beiden Hunde, mit denen ich viel Zeit verbrachte. Ich kümmerte mich auch liebend gerne um Auslandshunde, Pflegehunde und Hundesitting.

Wenn es mir die Zeit erlaubte verbrachte ich am liebsten die Zeit mit meinen drei Enkeln. Basteln, Wände und Fenster bemalen war unsere schönste Beschäftigung.

Wobei meine Enkel auch gerne, wie wir vier es nennen, einfach nur Schmarrn machen. Das geht halt nur bei Oma Ingrid!

Man konnte eigentlich sagen mein Leben war im grünen Bereich.

12

Wie alles begann

Ich hatte manchmal ein leichtes Ziehen in der linken Leistengegend, dem ich aber nicht sonderlich viel Beachtung schenkte. Dazu fühlte ich mich immer öfters matt und ausgelaugt, aber da ich ja die fünf vorne dran hatte, schob ich alles erst einmal auf die eventuell beginnenden Wechseljahre.

Meine Kondition lies zunehmend nach, naja bei meinem Kampfgewicht von 92 kg bei knapp 1,70 Größe auch nicht sehr verwunderlich. In der Fachsprache unserer Götter in Weiß nennt sich das Adipositas, blödes Wort, wenn man die Übersetzung liest.

Hunger hatte ich ja immer, essen konnte ich auch immer. Wenn ich auf etwas Lust hatte, kam es schon mal vor, dass ich mir in der Nacht auch mal Spagetti gemacht habe, warum auch nicht, ich sagte mir immer: „Irgendwo auf der Welt ist jetzt bestimmt Mittag, dann tu ich halt so, als lebte ich dort."

Bestimmt haben sie bei mir im Hirn, als ich entstanden bin, den Impuls für das Sättigungsgefühl vergessen! Aber wer kennt das nicht, deftiges Frühstück, in der Arbeit noch Ungesundes dazu. Abends wird gekocht, vorm Fernseher noch was Süßes oder Salziges, und nein, ich war ja auch kein Kind von Traurigkeit, ich habe einfach nur gelebt!

Dazu noch meine Zigaretten, also es gab ja für alles eine Erklärung, meinte ich zumindest. Wie es in meinen Inneren schon wütete, konnte ich ja zu diesem Zeitpunkt noch nicht ahnen.

Die Schmerzen in meiner Leiste kamen immer öfter. Klar, dachte ich, hab mich in der Arbeit wohl verrissen, weil ich doch immer auch schwer heben musste, und mit einer Schmerztablette ließ sich das doch schnell beheben.

Es gab ja auch wichtigere Dinge als im Wartezimmer eines Arztes zu sitzen: die Arbeit, die Tiere, die Enkel. Ich nahm mir für alles Zeit, nur nicht für mich und meine Gesundheit.

Und so kam es wie es kommen musste, am 16.Juni 2017 konnte ich morgens nicht mehr gerade stehen vor Schmerzen. Ich machte mich also in gebückter Haltung im Bad fertig, schließlich musste ich ja zur Arbeit.

Es gab aber auch jemanden in meinen Leben, der sich Sorgen um mich machte, nämlich mein Freund Sigi, der mir ja wochenlang schon predigte, ich solle zum Arzt gehen.

Er machte mir dann die Ansage, wenn ich nicht zum Arzt ginge, würde er den Notarzt anrufen und mich abholen lassen. Oh nein, das wollte ich lieber nicht riskieren! Also rief meinen Arbeitgeber an, sagte, ich würde später kommen. Ich war ja der Meinung, ein Spritzchen würde genügen, ich müsste nur noch schnell zum Arzt.

15

Jedoch sollte alles ganz anders kommen.

Beim Arzt stellte sich dann schnell heraus, dass ich sofort, aber wirklich sofort, ins nächste Krankenhaus müsste, die schmerzende Stelle in der Leiste war extrem druck-empfindlich und bereits rot unterlaufen.

So nahm nun das Schicksal seinen Lauf.

Im Krankenhaus

Im Krankenhaus angekommen, wurde gleich bei den ersten Untersuchungen klar, dass es sich hier nicht gerade um etwas Harmloses handelte, sondern um einen Leistenabszess.

Ich wurde sofort notoperiert.

Der Abszess wurde gespült und erst mal eine Drainage gelegt. Ich wurde nach 10 Tagen entlassen, wohl schon mit der Aussicht, dass eine weitere Operation unumgänglich wäre, da die Ursache eine gedeckte perforierte Sigmadivertikulitis war. Die Operation war jedoch nicht gleich möglich, weil meine Entzündungswerte so hoch waren, und dann der Heilungsprozess nicht gut gewesen wäre.

Das Wort Stoma fiel da zum ersten Mal und ich war am Boden zerstört.

Mir ging es nach der ersten Operation sehr gut, ich konnte schon am nächsten Tag wieder aufstehen und ein paar Tage später rumspringen wie ein junges Reh, na ja das junge Reh ist etwas übertrieben gewesen, aber wie ein alter Rehbock schon auch, genau das ist ein guter Vergleich.

Ich musste aber warten bis zur nächsten Darmspiegelung. Ein paar Wochen, bis sich alles in meinen Bauch ein bisschen beruhigt hatte. Klar, ich hatte eine offene Wunde, aus der noch immer Eiter ablaufen konnte. Sicher ging ich arbeiten, wieso auch

18

nicht, natürlich machte ich, außer Schwimmen, alles genau so wie vorher. Ich nahm auch ab, was mir ja total gefiel, nur merkte ich, dass ich sehr schnell müde und ausgelaugt war, aber bei einer offenen Wunde ja verständlich.

Zum Glück war auch Oberarzt Dr. Murr wieder da, er hatte leider zum Zeitpunkt meiner Notoperation Urlaub.

Ihn bekniete ich natürlich, er möge doch laparoskopisch operieren und bitte ohne Stoma.

Anfang September hatte ich dann endlich die Operation, laparoskopische Rektosigmoidresektion und Exzision der Leistenfistel und es verlief alles ohne Komplikationen und natürlich ohne Stoma, oh, was war ich froh.

Jedoch kam es 2 Tage später postoperativ zu peranalen Blutungen, bei einer weiteren sofortigen eingeleiteten Operation zeigte sich dann eine abgedeckelte kleine Colonperforation.

Dann ging die Tragödie erst richtig los, ein Albtraum begann, von nun an ging alles schief was nur schief gehen konnte. Es war, als ob der Teufel HIER geschrien hätte, nur war ich noch nicht bereit. Und wenn mich jemand ruft, heißt es noch lange nicht, dass ich mich umdrehe. Ich habe immer schon immer das Gegenteil von dem gemacht, was man von mir wollte oder erwartet hat, so auch dieses Mal.

Wach wurde ich wieder auf der Intensivstation, eh noch benommen, aber mein erster Gedanke war, Decke hoch! Stoma gesehen, Decke wieder runter, einfach nur körperlich und auch psychisch am Ende.

Es sollte ja noch schlimmer kommen. Zum, Glück stand ich so unter Schmerzmittel, dass ich nicht mehr viel mit-bekommen habe, soweit nur, ich bekam noch eine Sepsis vom Feinsten, ich lag ja eine Woche auf Intensiv, da vergisst man ja das Zeitgefühl, mir wurde auch die PDA gelegt und zur Krönung noch eine VAC Pumpe.

Wundheilungsstörungen natürlich vom Feinsten mit allen was dazu gehört.

Bis zu diesem Zeitpunkt hatte ich ja in meinen ganzen Leben noch nie richtige Schmerzen, gut ich hatte mir mal den Arm zersplittert und drei Kinder geboren, aber das übertraf alles.

Man kann das in Worten gar nicht beschreiben.

Ein Horror!

Ich war sehr matt, ich war gar nicht mehr ich selbst und konnte nichts essen, aufstehen sowieso nicht, noch sonst irgendwas, ich wollte einfach nur noch sterben, ich hatte keine Kraft mehr um zu kämpfen.

Mein Körper baute total ab, ich konnte mich ja kaum bewegen, ich lag einfach nur da und lies alles über mich ergehen, es war wie so eine Art Wachkoma.

20

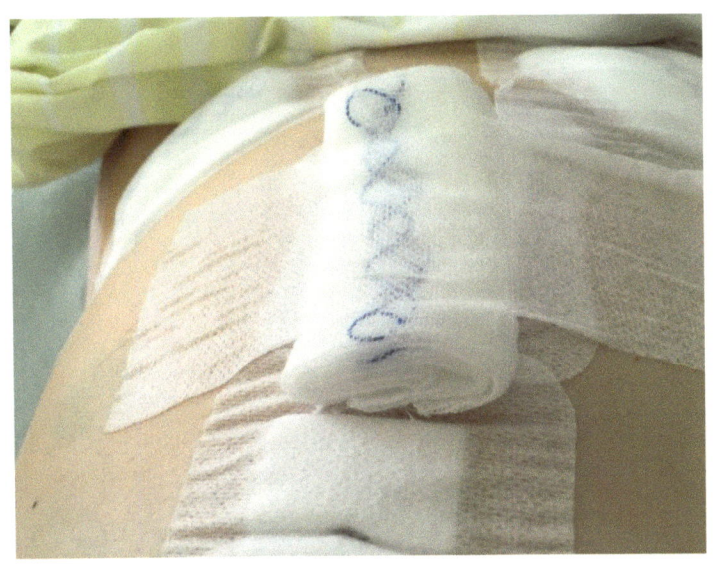

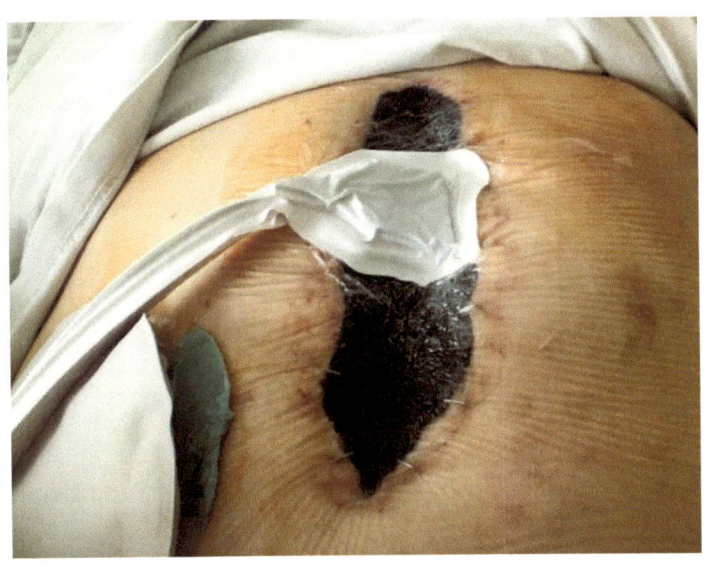

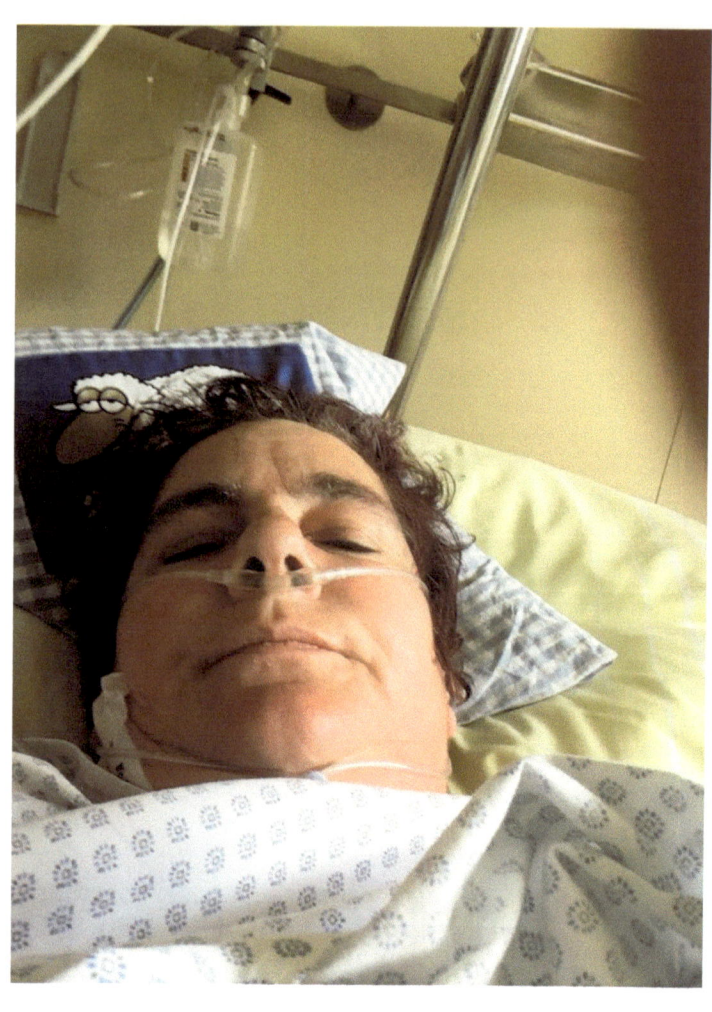

Wenn man mich morgens zum Waschen in den Pflegestuhl hob, war es furchtbar. Mir selbst die Zähne

22

zu putzen, war fast unmöglich, selbst die Zahnbürste war mir zu schwer.

Nach der halben Stunde, die gebraucht wurde, um mich zu waschen, war ich so fertig, das war echt der Hammer.

Manchmal sah ich sogar meinen Daddy, der schon viele Jahre tot war, an meinem Bett sitzen. Er hielt immer meine Hand und sagte: „Du schaffst das schon!"

Ich glaubte, ich war körperlich schon tot. Ich lag einfach nur da und schloss mit mir und dem Leben ab. Mich interessierte nichts mehr, wie denn auch, ich hatte keine Kraft, ich hatte kein Zeitgefühl mehr, nichts mehr von meiner Power war noch da, aber eins wollte ich noch, nach Hause! Und so löcherte ich meinen Arzt mit meinen dünnen Stimmchen, das ich noch hatte, jeden Tag.

Ich hätte zwar gar nicht die Kraft gehabt nach Hause zu gehen, aber er wich mir sowieso immer aus und sagte, ich müsse erst mal auf die normale Station. Alles klar, nun hatte ich ein Ziel, die normale Station, da wollte ich hin.

Nach etwa einer guten Woche bis zehn Tage, ich weiß es nicht mehr, schaffte ich es auch, dass man mich verlegte, bis dahin hatte ich jedoch keinerlei Zeitgefühl, erinnere mich nur sehr schleierhaft an Besuche, es war, wie sagt man so schön, Honig im Kopf!

Karl

Irgendwann kam ich dann wieder auf die normale Station, also nicht wirklich ich, sondern das, was von mir noch übrig war. Dort merkte ich wohl, dass ich abgenommen hatte, durch die VAC konnte ich kaum essen, geschweige denn mich bewegen. Tja, und dann war da dieses Teil an meinen Bauch, und dann noch der Stomabeutel, Katheter und sämtliche Schläuche und Infusionen, inklusive der Zentralversorgung im Hals.

Ich gab echt ein jämmerliches Bild ab, das merkte ich auch an meinen Besuchern, wenn sie kamen.

Oh, es nervte mich ja schon gewaltig, aber da ich ja
wusste, dass ich es sowieso nicht ändern konnte, fing

ich an zu überlegen. Gott sei Dank hatte nur mein Körper abgebaut, nicht aber mein Verstand.

Aufstehen konnte ich nicht alleine, mich noch nicht mal selber versorgen, da hat man Zeit zum Nachdenken. Ich dachte dann, okay, nun hast ein Stoma, mit dem musst du nun leben. Nein, das war die verkehrte Einstellung, das Stoma muss nun mit mir leben, nicht ich mit ihm!

Das Teil brauchte nun einen Namen, als erstes fiel mir Karl ein.

Mein ehemaliger Chef und Lehrmeister möge es mir verzeihen!

Also, ich fand den Namen gut. Nun gab es mich ab sofort nicht mehr alleine, nur noch zu zweit, mich und Karl, das teilte ich auch sofort allen Ärzten, Pflegern und jedem, den ich kannte mit.

Karl war geboren!

Mit ihm natürlich auch alles, was dazu gehörte, tja und das waren erst mal jede Menge Probleme.

Am Anfang fiel es mir ja nicht gleich so auf. Das Essen bekam ich zum Teil über die Vene, aufstehen musste ich nicht, hing an sämtlichen Geräten und einen Blasenkatheter hatte ich auch. Diesen und meinen Karl leerten ja immer die Schwestern.

Was mir aber nun bewusst wurde, war ja dieser durchsichtige große Beutel. Man sah ja auch den Darm durch, furchtbar eklig, mit so was den Alltag meistern, für mich unvorstellbar.

Meine Gedanken fuhren Karussell, arbeiten mit diesem Teil war unvorstellbar.

Schwimmen, Baden gehen und solche Sachen ja schon zweimal nicht, mit meinen Hunden Gassi mit dem Teil ein absolutes no go, die würden ja meinen, das ist ein neuer Futterbeutel!

Dinge, die für mich vorher ganz normal waren, schienen auf einmal zu einem sehr großen Problem zu werden. Mein schlimmstes und größtes Problem war, was sollte ich nun zu meinen Enkeln sagen?

Der kleine Dominik würde es wohl nicht stark registrieren, aber die beiden Großen, Maximilian und Hannes, beide neugierig ohne Ende, ihnen müsste ich das ja erklären, nur wie, wenn ich es selber noch nicht so richtig verstand?

Ich war echt verzweifelt, meine Gefühle glichen einer Achterbahn und meine Psyche spielte das Lied vom Tod. Ich, die ja wirklich mit allem umgehen konnte, war das erste Mal an einem Punkt angekommen an dem ich ratlos war.

Ratlos ist eigentlich zu milde ausgedrückt, ich war verzweifelt!

Da nützte es mir auch nichts, wenn die Visite kam, die bestand ja so im Schnitt aus sechs bis zehn Mann, alle begutachteten sie meinen Karl und fanden ihn toll.

Also mal ganz ehrlich, ich dachte, die haben alle einen an der Klatsche, ich konnte ihn ansehen so oft ich wollte, ich fand nichts Tolles dran, ich fand ihn einfach nur doof.

Dann bekam ich die Information, dass ab nun zweimal in der Woche eine Stomatherapeutin kommen würde, immer am Montag und am Donnerstag, sie würde mir dann schon alles beibringen und erklären. Ja klasse, dann wartete ich halt auf diese Zauberfee bis sie kommen würde. Und sie kam, so eine nette Frau, total hübsch, gepflegt und eine Ausstrahlung, dass ich dachte, die Sonne kommt höchstpersönlich ins Zimmer.

Sie machte mir dann erst mal den Beutel ab und war so begeistert von meinem Stoma, also diese hässliche Stück Darm, das aus meinen Bauch hing. Mein erster Gedanke war, noch so eine Irre!

Zumindest klebte sie mir einen kleineren Beutel auf, nicht mehr durchsichtig. Das ging bei ihr ganz einfach, dann redeten wir noch ein bisschen und weg war sie. mit den Worten. das wird schon. Ja du mich auch!

Ich fühlte mich so hilflos, schwach und hatte sämtliche Zustände, sicher, ich bekam jeden Tag Besuch, aufmuntern konnte der mich aber auch nicht wirklich, es genügte mir aber einfach schon, wenn jemand da war. Ich hatte riesige Schmerzen mit dieser VAC Anlage, die ja nun zweimal in der Woche unter Narkose gewechselt wurde. Ich habe mal zusammengerechnet, bis zur Entlassung hatte ich neun Operationen, was ja nicht gerade dazu beitrug, dass ich mich auf dem Wege zur Besserung fühlte.

28

Alle meinten, ich solle was essen, haha, ich, die essen liebte, konnte aber nicht, unglaublich. Dass man mich mal bitten würde, etwas zu essen, das hätte ich ja in meinen ganzen Leben nicht geglaubt. Mir ging es sehr schlecht, nein, mir ging es total beschissen!

Und am schlimmsten war der Satz:

Ingrid das packst du schon, du bist doch ein Stehaufmännchen, du hast schon so viel geschafft in deinem Leben.

Nur, ich konnte ja nicht mehr, Wer sagte, dass ich das überhaupt packen wollte? Das waren ja wieder mal super tolle Tipps.

Und immer summte mir das Lied im Kopf rum: „Die weißen Tauben sind müde", das machte mich ganz irre.

Ich weiß, es gibt Tage, da gewinnen die anderen, und dann Tage, da gewinne ich, nur im Moment konnte ich mir solche Tage einfach gar nicht mehr vorstellen.

Alleine schon, wenn ich draußen den Essenswagen gehört habe, musste ich ja schon im Vorfeld weinen. Ich wusste, nun muss ich mich aufsetzen, Schmerzen ohne Ende, das war jedes Mal ein Horrortrip. Gut, man muss ja auch dazu sagen, mein Bauch war aufgeschnitten, die VAC drin, die Wunden von der Drainage taten mir weh, dann noch die Wunden der laparoskopischen OP und zur Krönung Karl am Bauch, die Arme zerstochen, die Zentralversorgung am Hals, es war einfach nur furchtbar.

Das mit dem Essen war ja auch so eine Sache, ich bekam ja nur diese Schonkost, also eklige Brühe, Joghurt und Brei. Ja, ich, die ich auf Knödel und Nudeln mit Soße steh, ging gar nicht.

Hab dann mal mit dem Arzt ein ernstes Wörtlein geredet. Anscheinend war mein Zustand so schlecht, dass er mir keinen Wunsch abschlagen konnte, siehe da, ich bekam Wunschessen. Jetzt braucht aber niemand zu glauben, es ging dann bergauf. Ich, die früher locker drei Knödel mittags essen konnte, nee, ich hätte mit einem Knödel die ganze Woche gereicht, immer nur zwei, drei Bissen, dann war es schon vorbei.

Tja, und das nächste Highlight ließ auch nicht lange auf sich warten, ich wenn meine Bettdecke etwas hochhob, oh nein, der Geruch, weil es ja noch nicht reichte, dass ich einen Beutel dran hab, nein, nun stank ich auch noch, Bettdecke wieder runter. Na bravo, willkommen in der Realität! Das legte sich Gott sei Dank wieder, als man die Medikamente absetzte.

Aber das war ja noch nicht alles, auf einmal fühlte ich mich nass, oh, Beutel abgegangen, ich lag in meiner eigenen Kacke. Ich konnte es ja nicht mal selber sauber machen, diese Abhängigkeit und diese Hilflosigkeit, das war ja noch das schlimmste für mich.

Meine Stomafee kommt ja erst in zwei Tagen, also musste ich mit den Schwestern den Beutel wechseln, das klappte mal und mal nicht. Da kam der Pfleger mit einem Pflaster, das ja mehr schon einem Isolierband

30

glich, da haben sie mich zugeklebt. Meine Fee kam dann, Beutel gewechselt, da schien alles so einfach.

Nun musste ich auch noch aufstehen, das war, als wäre ich nicht mehr Herr meiner Sinne gewesen, zu zweit haben sie mich in den Rollstuhl gehievt, Wahnsinn mit meinen ganzen Schläuchen und Beuteln, ich kam mir so armselig vor, ich, die Powerfrau, hing in dem Rollstuhl drin wie das Leiden Christi höchstpersönlich, unvorstellbar.

Da war ich dann das erste Mal richtig kaputt, nur von der Runde im Park, musste dann gleich wieder liegen und schlafen.

Mal ganz ehrlich, jeder hat doch so einen Traum oder einen Wunsch im Leben, was er gerne mal machen würde. Also mein Traum war oder ist es immer noch, ich möchte so gerne mit meinem großen Hund den Jakobsweg gehen, allerdings im Moment und auch für die Zukunft unvorstellbar.

Ich musste aber am nächsten Tag selber aufstehen zum Waschen und Zähne putzen. Das erschien mir noch anstrengender als der Jakobsweg, links eine Schwester, rechts eine Praktikantin und ich in der Mitte, mein Gott wie grausam.

Das erste Wiegen brachte dann den nächsten Schock, über zwanzig Kilo hatte ich schon verloren, vor einem Jahr hätte mir das noch einen Höhenflug an Gefühlen gebracht, nun machte es mir Angst, schreckliche Angst.

Nun wurden auch die Katheter gezogen und nun musste ich auch noch selber auf die Toilette gehen. Am Anfang lag ich fast mehr auf der Schüssel, als dass ich sitzen konnte.

Morgenwäsche war auch ein Kraftaufwand, das kann sich niemand vorstellen, der das noch nicht mitgemacht hat. Zähneputzen, Katzenwäsche und Kämmen, das war es dann auch schon, mir zitterten schon die Knie, ab ins Bett und vier Stunden Tiefschlaf. Alleine Duschen war für mich genauso unvorstellbar, als ob ich einen Lastwagen alleine durchs Dorf ziehen sollte.

An mein volles Beauty-Programm war gar nicht zu denken, in diesen Momenten war ich das erste Mal froh, dass Karl bei mir war, so musste ich mir wenigstens keine Gedanken machen, dass ich zur Darmentleerung zur Toilette muss.

Es wurde aber jeden Tag ein wenig, ok ein klitzekleines bisschen besser, nur ein Problem blieb, das war das Wechseln des Beutels bei meinen Karl.

Bei der Stomafee war alles wunderbar, nur wenn sie nicht da war, eine komplette Tragödie.

Wir versuchten ja die Tragödie zu vermeiden, aber die Versorgung leckte so oft. Einmal, das werde ich nie vergessen, die Platte aufkleben ging ja noch, aber wir bekamen den Beutel nicht drauf. Ich schaffte es nicht, zum Schluss waren noch drei Schwestern mit von der Partie, aber es dauerte fast eine Stunde, es wurde einfach nichts, ich war dann fix und fertig. Meine größte Sorge war ja, wenn wir es im Krankenhaus

32

schon zu dritt nicht hinbringen, wie soll ich das dann daheim im Alltag alleine meistern?

Es folgte eine schlaflose Nacht, in der ich dann einen Entschluss fasste, ich musste das alleine in die Hand nehmen.

Gesagt, getan, am nächsten Morgen habe ich gleich eine Ansage gegeben und gesagt, ich wechsle heute alleine, falls ich Hilfe brauch, klingele ich, und siehe da, es klappte sofort.

Tja, ich hatte nun den Kniff heraus, war ja ganz easy, ich war ja 12 Jahre bei Tupperware, den Ring des Beutels muss man genauso aufziehen, wie den Deckel einer Schüssel. Total einfach, wenn man es weiß, aber nun wusste ich es ja.

Nun ging es bergauf, ich bekam einen Physiotherapeuten, der anfing, mit mir an dem Rollator gehen zu üben.

Fragte der mich doch allen Ernstes, ob ich zu Hause auch einen Rollator hätte. Ich habe ihn gleich gefragt, ob er sie noch alle hat, ich bin doch vor acht Wochen noch mit meinem Windhund beim Hunderennen durchs Ziel gelaufen!

Mein Krankenhausaufenthalt zog sich, aus den Stunden wurden Tage, aus den Tagen wurden Wochen, und aus den Wochen Monate.

Irgendwann gewöhnt man sich an den Alltag, ich war ja auch noch sehr schwach und matt, ich wusste selber, dass ich in der Klinik besser aufgehoben war als zu

Hause, und auf der Station waren alle super nett zu mir. Insgesamt, mit der Anschlussreha, lag ich schon fast 3 Monate in der Klinik.

Viele werden sich fragen, wie hält man das aus, aber ich hatte fast jeden Tag Besuch. Mein Sigi kam sowieso täglich, obwohl er mir ja nicht gerade eine große Hilfe war, denn er hatte so Mitleid mit mir und las mir jeden Wunsch von den Augen ab.

Meine Familie und meine beiden Freundinnen Monika und Andrea standen mir in dieser schweren Zeit bei und waren immer für mich da, egal wie es mir ging, sie waren da!

Ich werde ihnen das in meinem ganzen Leben nie vergessen. Freunde, von denen ich glaubte, sie wären welche, die sah ich kaum, da merkt man halt die wahren Gesichter. Monika war immer bei mir, versorgte mich mit Leckereien, ich wollte ihr immer dankbar sein und biss ab und zu auch davon ab, aber alleine ihre Anwesenheit, das Gefühl, da ist jemand, dem bist du wichtig, der möchte, dass du wieder gesund wirst, war toll.

Auch Andrea, ich kannte sie eigentlich nicht so gut, kam immer vorbei, sie hievte mich in den Rollstuhl und zeigte mir die Sonne, hat gutgetan.

Meine Freundin Christine, die ich schon aus der Kindheit kannte, war auch immer für mich da.

Nun wusste ich wenigstens, dass ich drei Freundinnen hatte, auf die ich mich verlassen konnte.

Freundinnen, mit denen ich Tagein und Tagaus zusammen war, sah ich zweimal, kannst du knicken. Wahre Freunde erkennt man erst in der Not und das prägt.

Irgendwann ging dann auch diese Zeit rum und ich durfte nach Hause.

Zu Hause und mein Alltag mit Karl

Meine Freundin Monika war ja so lieb und holte mich ab.

Der Abschied auf der Station fiel mir sehr schwer, war ja doch in dieser Zeit für mich wie ein zweites Zuhause geworden.

Ich war von der Station dort super betreut und versorgt worden, nie hörte ich ein böses Wort, nie war jemand genervt, wenn ich geläutet habe. Man hatte auch immer ein nettes und liebes Wort für mich parat, egal welcher Pfleger oder welche Pflegerin. Vor allem auch, wenn ich psychisch total am Rad gedreht habe, kam immer jemand, um mich zu trösten und hatte liebe Worte für mich.

Die ärztliche Betreuung war auch hervorragend, immer war ein Arzt für mich erreichbar, Dr. Murr ist nicht einfach nur ein Arzt, sondern auch ein Mensch.

Er kam sogar privat an seinen freien Tagen vorbei um nach mir zu sehen.

Manchmal kam ich mir schon vor, als wäre ich der Liebling der Station, als wäre ich schon was ganz Besonderes.

Alle hatten sich für mich so gefreut, dass ich nun nach Hause gehen durfte, und eine Ärztin sagte sogar zu mir, dass sie so stolz auf mich wäre.

So etwas ging meinen angeschlagen Ego natürlich runter wie Sahne.

Obwohl ich so viele Sachen ja im Vorfeld schon mit nach Hause gegeben hatte, erstaunte es mich doch, wie viel Gepäck ich doch noch hatte. Muss ja auch zugeben, ich hatte mich wohl auch schon ein bisschen häuslich eingerichtet.

Für mich war gleich klar, dass wir auf dem nach Hause Weg bei einem Laden halt machen mussten, ich brauchte unbedingt Suppenfleisch, mein größter Wunsch war, endlich wieder mal eine richtige Rindersuppe.

Sicher fragte mich meine Freundin, ob sie das übernehmen sollte, nein, Ingrid schafft das schon. An der Kasse dachte ich, mir knicken die Füße ein, ich fühlte mich, als wäre ich den Arber hochgelaufen.

Für die Leser, die nicht wissen was der Arber ist, so ein Berg halt im bayrischen Wald.

Immer die Hand auf meinen Karl, nicht das der meinte er hätte seinen ersten Freigang.

Nach diesem Kraftaufwand musste ich, nachdem ich Daheim angekommen war, erst mal auf der Couch ruhen, wie immer Hand zum Karl, oh Schreck, da wo er sein sollte war er nicht mehr, die Hand griff in die Kacke, Karl lag daneben in der Hose, toll, willkommen Daheim.

Jetzt musste ich erst mal mein Versorgungsmaterial aus meinem Gepäck suchen, war zum Glück obendrauf und dann das ganze professionell versorgen, immer mit dem Hintergedanken, dass ich nun nicht mehr klingeln kann, sondern im Alleingang bin. Es dauerte allerdings erstmal eine Zeit, weil der Druck, der nun auf mir lastete, nun enorm war, prompt klappte es auch nicht. Da saß ich nun auf meinem Bett und heulte erstmal, nach gefühlten zehn Mal probieren klappte es dann doch und ich hievte mich wieder auf meine Couch, fix und fertig mit mir und der Welt.

Ich weiß gar nicht wie lange ich geschlafen habe, es war so ruhig, mir fehlten die Geräusche des Klinikalltags.

Hätte ich nie geglaubt, dass ich dies einmal vermissen werde. Aber mir fehlten die Gespräche und diese Sicherheit, dass jemand da ist, wenn es mir schlecht ging.

Als ich wach wurde roch ich es schon, da wusste ich, Karl war wieder weg. Ich dachte nur, das ist der Anfang des ganz normalen Wahnsinns. So würden wir bestimmt keine Freunde werden, tja, und ich habe ja dann kein Leben mehr, ich kann ja nicht mehr aus dem Haus raus. Also, wieder neu versorgt, mit der Hoffnung, dass es nun hält.

Nun erstmal die Suppe gekocht, nein, das ist falsch ausgedrückt, ich wollte eine Suppe kochen. Wie immer Topf hingestellt, Fleisch, Gemüse und Wasser rein, dann wollte ich den Topf auf die Herdplatte stellen, aber das ging nicht, ich hatte nicht die Kraft dafür. Also Wasser wieder raus, nun den Topf mit den Zutaten auf den Herd, Wasser mit einer Tasse in den Topf geschöpft.

Man muss sich das mal überlegen, ich wollte wohl, aber mein Körper konnte einfach nicht, oh, war ich froh, als mein Sigi von der Arbeit kam, endlich war ich nicht mehr ganz so alleine, ich hatte Hilfe, die hatte ich auch bitter nötig. Vier Löffel Suppe und ich war fertig mit der Welt, total erschöpft, aber endlich wieder mein Bett, das war wie ein Sechser im Lotto für mich zu diesem Zeitpunkt.

Die Nacht hatte ich gut geschlafen, klar ich war ja auch total erschöpft, wenigstens war Karl am Morgen noch da wo er sein sollte. Jedoch ließ das nächste Problem nicht lange auf sich warten, durch die Umstellung und das ungewohnte Essen war mein Beutel prall gefüllt.

Das muss man sich so vorstellen, man wacht auf, hat am Bauch einen riesen Ballon, der bei einer falschen Bewegung sofort platzen könnte, das Ergebnis kann man sich wohl denken.

Für mich ist es bis heute noch wie ein Wunder, dass ich es schaffte, halb liegend, man bedenke ich hatte ja noch Schmerzen beim aufsitzen, beide Hände unter den Beutel und so dann in Richtung Bad zur Toilette. Sollte nun jemand denken, geschafft, weit gefehlt, die Schwierigkeit bestand nun darin, diesen Beutel zu öffnen, und mit dem Schwall der kam auch noch richtig in die Schüssel zu treffen. Versuch eins erst mal nicht bestanden, nun hat ich auch noch eine große Sauerei, aber vom Feinsten.

Trotzdem musste ich insgeheim doch lachen, mir fiel nämlich ein, warum es wohl am besten ist, wenn sich Männer am Morgen aufs Klo hinsetzen müssen, so einfach ist das nämlich gar nicht im Stehen mit prall gefüllten Beutel!

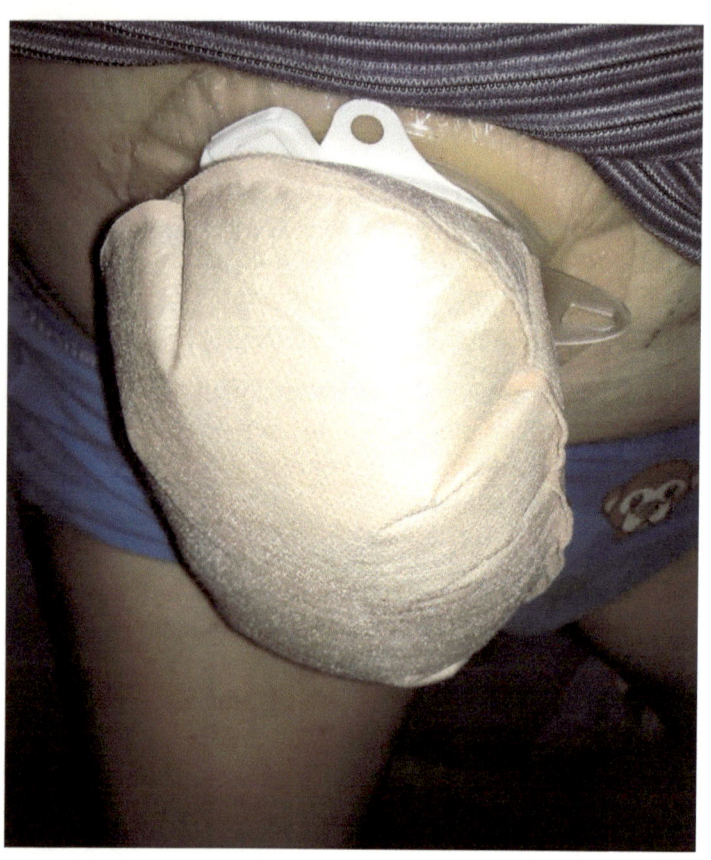

Humor ist wohl, wenn man trotzdem lacht. Ich wollte ja auch wieder lachen und Freude haben, geweint hatte ich ja in der Vergangenheit genug.

Mancher stellt sich wohl die Frage, ob ich nie so eine Selbstmitleidsphase hatte, wo ich dachte, warum denn eigentlich ich. Nein, also diese Frage habe ich mir nie gestellt. Ich habe im Krankenhaus und auch in der Reha so viel Elend gesehen, dass ich echt froh war, dass ich nur mit einem Beutel am Bauch davonkam. Sogar auf der Intensivstation habe ich das schon gemerkt. Dort lag ein Mann, der war so was von tapfer und ich jammerte, da hatte ich gleich auch noch ein schlechtes Gewissen.

Ich war dankbar, dass ich dem Tod noch mal von der Schaufel gesprungen war. Ich wusste nun auch, dass mich nichts, aber rein gar nichts mehr erschüttern würde.

Materielle Dinge, wie Haus, Job, Auto das alles erschien mir nun nebensächlich. Geld hat für mich keine Bedeutung mehr, hätte mir ja im Ernstfall auch nichts genützt. Ich lebe nun im hier und jetzt, ich bin mir selber wichtig geworden. Ein Streit oder jemand, der mich blöd anmacht, das lässt mich kalt. Für mich gibt es nun in erster Linie mich, meine Gesundheit, meine Familie und Freunde, alles andere geht mir echt, sorry wenn ich das so sage, am Arsch vorbei.

Da ich ja nun meinen Karl hatte, fing ich an, das Leben mit ihm zu meistern, ich wollte es genießen, die glücklichen Momente aufsaugen, einfach nur noch leben.

Zum ersten Mal betrachtete ich mein Stoma in aller Ruhe, auf einmal war es nicht mehr das eklige Stück Darm. Nein, er sah eigentlich aus wie ein größerer dicker Regenwurm, wenn ich ihn berührte, kroch er in seine Höhle. Ich fand es auch nicht mehr schrecklich, wenn Stuhlgang aus der Öffnung kam. Ich freute mich, dass er förderte, so wusste ich, dass ich keinen Darmverschluss erleiden musste. Ich mag Regenwürmer, lieber als Spinnen.

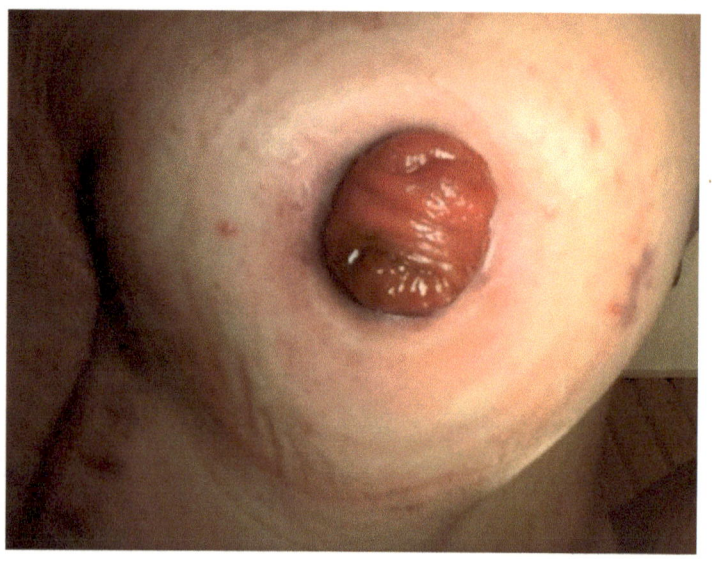

42

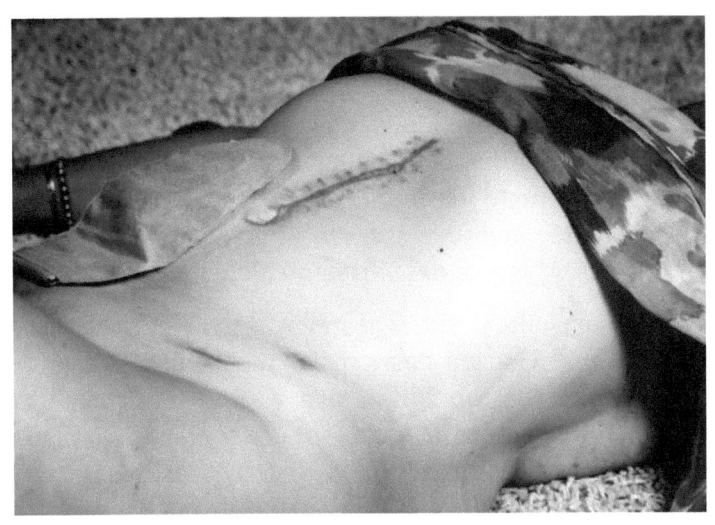

Ich fing an ihn zu mögen, er war ja ein Teil von mir, ein Teil meines Inneren, das mir ermöglicht zu leben. Es hat doch jeder so einen Darm, gut, meiner war halt nun außen, aber ich war ja immer schon anders als andere.

Durch meinen extremen Gewichtsverlust, musste ich mich neu einkleiden, alles war mir zu groß. Natürlich hatte ich mir zuerst auch so lange Teile besorgt, damit ich den Beutel verdecken konnte. Selbstverständlich ist auch meine Freundin Christine sofort mit ihrer Nähmaschine gekommen und hat mir Überzieher genäht.

Am Anfang taten sie mir gute Dienste, dann, je länger ich ihn hatte, erschien mir das zu blöd, ich trug was mir gefiel, mich störte es nicht, wenn der Beutel unten rausschaute, warum auch.

Man meint nur, die Leute schauten drauf, das ist aber nicht so, selten hat mich jemand darauf angesprochen, wenn doch, sagte ich immer, das ist mein Karl. Es gab nie Probleme und je besser ich mich mit ihm verstand, desto besser klappte das Zusammenleben mit uns.

Sicher, manchmal hatte er einen Aussteiger, aber im Großen und Ganzen passten wir recht gut zusammen. Auf einmal war ich stolz einen Karl zu besitzen, wer hat das schon, ist ja nicht so, dass man mit einem Stoma nur Nachteile hat, in gewissen Situationen ist es auch von Vorteil. Niemals musste ich mich irgendwo auf ein dreckiges Klo setzen, nirgends musste ich anstehen, es gibt so viele Situationen, in denen es echt nur positiv ist einen Ausgang zu haben, nur man darf sich nicht dagegen wehren.

Oft kamen in meinen Bekanntenkreis Fragen auf, wie: „Kannst du das schon mit Karl?"

Hallo, Karl und ich konnten alles, wir gingen schwimmen, wir gingen in die Sauna, alles was ich vorher gemacht hatte, konnte ich auch mit Karl. Er und ich, wir beide rappten das Leben schon.

Man hat mir auch Selbsthilfegruppen angeboten. Für was bitte? Ich bin nicht krank, ich habe nur ein Stoma, andere haben eine Zahnspange.

Sicher, es war nicht immer alles toll und rosa, es gab Augenblicke, da hatte ich eine Wut, mich störte der

44

Ring am Bauch, er drückte mich oft, es nervte manchmal gewaltig.

Mein nächstes Problem war, dass ich noch zwei große Brüche bekommen hatte, die konnten aber erst nach einem Jahr operiert werden, aber das ist eine ganz andere Baustelle.

Ich erwähne es nur, weil bei mir nun die Problematik auftrat, dass ich einen breiten Bauchgurt tragen musste, der wiederum auf das Stoma drückte und es konnte nicht ablaufen. Sicher gab es Stomagurte mit Ausschnitt, die waren aber zu schmal und rissen mir immer den Beutel runter. Es war sehr kompliziert, aber ich legte mich zwischendurch immer wieder hin, ohne Gurt, dann ging es.

Was ich wirklich vermisste, war eine gute Fachliteratur, die auch die Pannen beschrieb, so was fand ich kaum, eher nur so Ernährungstipps, was ich nun alles essen darf und was nicht, ja die habe ich gleich entsorgt.

Wirklich weiter geholfen haben mir Gruppen in den sozialen Netzwerken, wobei ich da auch viel Elend mitbekommen habe, furchtbar entzündete Stomas, Schwierigkeit nach bestimmten Nahrungsmitteln

Das Problem lag aber überwiegend daran, dass ich nicht viele Leute traf, die in ähnlicher Situation wie ich waren. Ich meine, die ein Stoma auf Grund von Komplikationen während einer OP bekamen. Die meisten hatten ja eine Vorgeschichte, eine Darmkrankheit oder Darmkrebs, da erachte ich ein Stoma für sehr sinnvoll, da es ja ein Stück

45

Lebensqualität zurückgibt. Aber ich war ja vorher gesund.

Ich lernte aber auch Kinder mit Stoma kennen, richtige Kämpfer, da dachte ich mir immer, egal wie es ist, du hattest vorher eine unbeschwerte Zeit, das packst du.

Fynn

Ich war viel in den sozialen Medien unterwegs, das Internet war irgendwie mein einziger Ansprechpartner, und eines Tages sah ich ihn, den kleinen Fynn. Von diesem Moment an erschien mir alles andere unwichtig, dieser kleine Kerl, mit einem Stoma, das groß war wie eine Faust, er stand einfach da und lachte. Keinem Menschen auf dieser Welt konnte ich damals diesen Moment mitteilen, was mir dieser kleine Junge gab, es traf mich bis ins innerste Herz.

Ich, die wirklich manchmal auch mit ihrem Schicksal haderte, konnte mich nur noch vor ihm verbeugen. Fynn gab mir so viel Kraft, ich nahm auch sofort mit seiner Mama Kontakt auf, und sie erzählte mir so viel, meine Probleme waren mir auf einmal unwichtig.

Spontan lud ich Fynn und seine Familie zu uns auf einen Gratis-Urlaub nach Bayern ein, die Freude dieser Familie werde ich nie vergessen.

Fynn lernte ich diesen Sommer persönlich kennen, er kam mit dem Zug und seiner Familie angereist. Es war sofort ein inniges Band zwischen uns allen.

Wir verbrachten sehr schöne Tage an der Donau und im Freibad, wir machten Lagerfeuer und grillten. Ich glaube am besten gefiel ihm, dass mein Bauch so aussah wie seiner. Auf die Frage warum das denn so ist, habe ich ihm geantwortet, weil wir halt was Besonderes

48

sind, sonst hätten wir uns doch nicht kennen gelernt und er wäre nicht hier bei mir in Bayern.

Die Tage vergingen leider viel zu schnell, der Abschied von ihm, seinen Geschwistern Leon und Nele fiel mir unendlich schwer. Bei mir und seiner tollen starken Mama Nadine flossen unendlich viele Tränen.

Ja so ist es, wenn aus Fremden Freunde werden!

Wir sehen uns bestimmt im nächsten Jahr wieder, ich werde für Fynn so eine Art Patentante werden und bleiben, und ihn weiter auf seinen Weg begleiten.

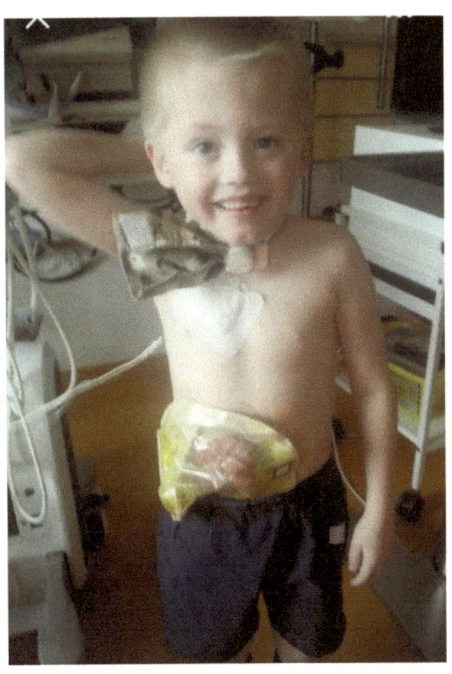

49

Stoma Alltag

Es gab viele amüsante, aber auch peinliche Situationen, an die ich mehr oder weniger gerne zurückerinnere. So einfach mal schnell wohin fahren ging eher nicht, ich musste schon immer eine Tasche mit Versorgungsmaterial und Wechselwäsche mitnehmen. Zum Glück gibt es ja schon große geräumige Handtaschen.

Einmal wollte ich nur schnell Geld abheben, mir fiel die Karte runter, beim Aufheben sah ich doch tatsächlich einen benutzten Stomabeutel, denke mir auch noch, also die Leute sind unmöglich! Ich gab meine Nummer ein und roch es schon, Hand zum Karl, Mist er ist weg, das war ja mein Beutel. Oh, da wurde ich schnell, Karte raus, Beutel in die Tasche und ab ins Auto, wie ich nach den zwei Kilometer eingesaut war, vermag sich keiner vorstellen.

Ein anderes Mal habe ich Freunde zum Essen eingeladen und mir fiel auf, dass wohl der Topf mit der Bratensoße undicht sei, überall waren am Boden die braunen Tropfen. Je mehr ich aufputzte, umso mehr Tropfen waren es, bis ich merkte, Karl leckt.

Gerne erinnere ich mich auch noch an den Abend, den ich bei einer Freundin verbrachte, ich erzählte ihr noch wie unkompliziert mein Karl ist, ging mit ihr zum Rauchen, als wir wieder ins Wohnzimmer kamen, wer lag da, ja der Karl, da mussten wir sehr lachen.

50

Schwimmen und Sauna alles kein Problem, zum Schwimmen trug ich einen Badeanzug, da sah man nichts, in der Sauna einen Strechgurt um den Bauch, es gab nie Schwierigkeiten. Die Hand hatte ich aber im Whirlpool vorsichtshalber immer beim Karl, damit er mir nicht doch mal davon hüpfen konnte. Auf die Frage meiner Freundin, was wir denn machen würden, wenn Karl schwimmen ging sagte ich ihr ganz trocken, ganz einfach, du tauchst danach.

Das einzige was ich als wirklich unangenehm empfunden habe, war wenn ich zum Wechseln oder Beutel ausstreifen in fremde Toiletten musste, ich versuchte es bei Bekannten immer zu vermeiden. Es stank hinterher bestialisch, das war mir sehr zuwider.

Es kam aber auch immer darauf an was ich gegessen hatte. Wobei ich aber alles, aber auch wirklich alles essen konnte. Nur, dass ich auf einmal ein sehr seltsames Essverhalten hatte, Spagetti die ich früher in allen Variationen aß, vor denen grauste mir, dafür konnte ich mich tagelang nur von Salatgurke und Paprikawurst ernähren, das war echt irre. Und literweise Spezi. Das war echt sagenhaft, wie ich dieses süße Zeug weggetrunken habe, oft drei bis vier Liter am Tag. Kaffee konnte ich gar nicht mehr trinken, den trank ich ja immer schon ohne Zucker, dafür war meine Vorliebe nun wirklich klebesüßer Kaba. Mei und Suppen, in allen Varianten, ohne nicht mindestens einen Liter Suppe am Tag konnte ich gar nicht überleben.

Nie hatte ich Schwierigkeiten oder Bauchweh.

51

Eines Abends vertilgte ich sogar eine ganze Packung Nüsse, in der Ernährungstabelle eines Stomaträgers absolut verboten. Prompt war am nächsten Morgen mein Beutel leer, so dachte ich, nun habe ich es geschafft, jetzt kann ich in die Klinik zum Durchspülen.

Frau kuriert sich ja bekanntlich selbst, also kippte ich gleich mal einen halben Liter Apfelsaft runter und siehe da, sie kamen alle, es machte dann in der Kloschüssel nur noch ping, ping, ping.

Auch die umstrittenen Champions konnte ich prima vertragen, lag ich dann auf der Couch und das Stoma fing an zu fördern, dann kitzelte das immer so lustig, dass ich hellauf lachen musste.

Was natürlich furchtbar war, wenn der Beutel zu voll zum gefahrlosen Ausleeren war, manchmal spritzte es bis zur Decke, die Wände sahen sowieso aus wie das Pferd von Pippi Langstrumpf, meine Schuhe waren auch alle hinüber von den Spritzern, ach schrecklich.

Die Wände auf der Toilette mussten wir in dieser Zeit mindestens dreimal neu streichen.

Die Schuhe musste ich allesamt entsorgen, und umziehen musste ich meine Hosen an manchen Tagen bis zu viermal, sie waren ewig voll Spritzer mit Kacke.

Aber so dramatisch war das nun auch wieder nicht.

52

Beruf

Arbeiten war mir nicht mehr möglich. Das lag aber nicht nur an dem Stoma, sondern eher an meinem offenen Bauchbruch. Ich darf nichts heben, und gesundheitlich bin ich auch noch nicht so belastbar. Man merkt die Schwere der Krankheit sehr lange, ich brauchte nach der Entlassung aus der Klinik fast fünf Monate bis ich wieder einigermaßen auf die Beine kam.

Auf die gesetzliche Erwerbsunfähigkeitsrente brauchte ich nicht zu hoffen, ich will mich dazu auch nicht stark äußern, es soll ja keine rassistische Bemerkung in meinem Buch auftauchen.

Zum Glück hatte ich in jungen Jahren vorgesorgt und eine private Berufsunfähigkeitsversicherung abgeschlossen, diese sprang auch sofort ein und ermöglichte mir somit eine angemessene Rente, damit ich zumindest finanziell abgesichert war.

Da fiel mir wieder der Satz einer Schweizer Freundin ein, sie war auch sehr krank und lebte nun von einer privaten Rente: „Ingrid was du in jungen Jahren säst, kannst du im Alter ernten!" Wie recht sie doch hatte.

Am Anfang fiel es mir doch sehr schwer, ich war immer unter Leuten, das fehlte mir am meisten. Oh,

54

was vermisste ich meine Arbeit. Früher war es immer so, egal was für Probleme, Sorgen oder Freude man hatte, in meinen Beruf konnte ich immer mit den Kunden reden, Ratschläge und Tipps wurden ausgetauscht. Auch gab es noch das Marktpersonal, es war immer jemand da, mit dem man ein Gespräch hatte führen können.

Jedoch ließ mich meine Krankheit auch umdenken, es gab ja noch so viele Dinge, die ich erleben möchte, zumal ich ja auch wusste, dass mir noch zwei Operationen bevorstanden. Zum ersten irgendwann die Rückverlegung meines Karls, und zur Krönung noch eine große Bauchoperation, wo man mir ein großes Netz einsetzen würde, um die Brüche zu beheben. Im Moment sehe ich ja aus, als hätte ich einen Alien verschluckt.

Außerdem brauchte ich nun mal eine Auszeit für mich.

Zeit für meine Familie, vorrangig für die Enkel und natürlich auch für meine beiden Hunde.

Meinen Garten wollte ich mir auch herrichten, konnte ja nie was einpflanzen, ich war ja durch meine Arbeitszeiten nie da zum Gießen.

Das hatte sich nun alles geändert und ich hatte viel Zeit und vor allem Ruhe für mich.

Ein bisschen komisch war es doch, wenn mich jemand fragte, was ich beruflich mache, ja, ich bin Rentnerin. Ausgerechnet ich, wo ich doch immer mindestens zwei oder drei Berufe auf einmal hatte, ich war ja immer im

Stress, stand immer unter Strom, nun hatte ich das alles nicht mehr, und es fing an mir gut zu tun, mir zu gefallen und ich begann es zu genießen.

Nun wollte ich es gar nimmer anders haben, ich war glücklich und zufrieden, ruhig und ausgeglichen.

Auf einmal vermisste ich die Arbeit nicht mehr, Karl und ich waren angekommen.

Zumal ich ja auch sehr viele Arzttermine hatte, durch die Verschleppung dieser Fistel hatte mein Körper auf der linken Seite automatisch eine Schonhaltung eingenommen. Es haben sich die Muskeln verkürzt und verhärtet, was mir wiederum beim Laufen furchtbare Schmerzen bereitete, Physiotherapie und ein neuer einwöchiger Krankenhausaufenthalt in der Neurologie waren unumgänglich.

Da wurde mir auch wieder bewusst, wie wenig Fachpersonal es in Bezug auf Stoma gibt, die Klinik war froh, dass ich es selber versorgen konnte, sie hatte weder Erfahrung damit, noch Versorgungsmaterial vorrätig,

Aber Karl und ich, wir brauchten ja niemanden, wir kamen ganz gut alleine klar.

Hätte ich mich in Bezug auf Stoma auf andere verlassen, da wären wir verlassen gewesen.

Ich hatte ja nun auch andere Pläne. Ich wollte mich in erster Linie um die Vermietung meiner Ferienwohnung kümmern.

56

Auch das Hundesitting wollte ich gerne bei-behalten. Außerdem wollte ich die Pflegestelle, die ich manchmal für Auslandshunde anbot, nicht aufgeben.

Als Ziel schwebte mir immer schon eine neue Ausbildung vor, mein Traum war ja, eine gute Hundetrainerin zu werden, eine, die Hunde nicht unbedingt erzieht, sondern mit ihnen kommuniziert, dieses Ziel erschien mir auf einmal greifbar nahe.

Darum habe ich es gleich umgesetzt und genau sieben Wochen nach meiner letzten Operation damit begonnen.

Niemand schien mir dafür geeigneter als Alexandra Sigmund-Wild als Chefin.

Ich wollte ja nicht irgendeine Hundetrainerin werden, oh nein solche gibt's ja viele.

Mein Ziel ist die Fellnasen über Kommunikation zu trainieren und nicht über Befehle.

Mein Motto ist: In Harmonie aus Mensch und Tier – wird aus Du und Ich ein Wir.

Meiner Meinung nach eine Marktlücke.

Ich träume nicht mein Leben, ich lebe meine Träume.

Jetzt hoff ich nur das ich auch diese Prüfung bestehe, aber dann denk ich wieder, wer im Krankenhaus eintausend Vater unser gebetet hat, dass die Schmerzen aufhören, der kann auch fünfhundert Prüfungsfragen lernen, zumal ich gleich den Paragraphen elf auch mitmachen werde.

Partnerschaft

So viel ist natürlich schon klar, mit einem tollen Partner an der Seite, lässt sich eine Krankheit leichter ertragen

Da hatte ich Glück, sehr großes Glück.

Mein Sigi wich mir nie von der Seite, während der Zeit auf der Intensivstation saß er fast Tag und Nacht an meinem Bett.

Ich habe es ja leider nicht so sehr mitbekommen, natürlich ist es für einen Partner auch eine sehr große psychische Belastung, wenn man den Menschen, den man so sehr liebt, so elendig daliegen sieht. Zumal es ja Momente gab, wo es sehr ernst um mich stand und er glaubte, ich schaffe es nicht. Er war einfach für mich da, er wischte mir den Schweiß von der Stirn, hielt mir die Nierenschale vor den Mund, hielt meine Hand, half mir später dann beim Aufstehen, Anziehen und auch bei Toilettengängen. Die ersten Tage nach meinem Dahindämmern fütterte er mich, er war da, wenn ich die Augen öffnete und ging erst als ich schlief.

Als ich etwas klarer wurde im Kopf und dann dieses Tief hatte wegen des Stomas, machte er mir Mut. Es wäre alles halb so schlimm, das Stoma ist kein Problem, ich sollte nur gesund werden, und dafür tat er alles. Nie hat ihn der Geruch gestört, es machte ihm nichts aus, wenn die Schwestern das Stoma oder den Katheter leerten, er wachte nur mit Adleraugen darauf,

58

dass niemand grob war zu mir und ich alles bekam, was ich brauchte und wollte.

Er wollte sogar das Versorgen des Stomas erlernen, das ging mir aber dann schon zu weit, nur weil ich nun meinen Arsch am Bauch hatte, mach ich mich schon noch selbst sauber. Aber trotzdem war es lieb von ihm.

War mir nach Pizza, brachte er mir sofort eine, wobei ich eh immer nur ein paar kleine Bissen essen konnte, immer wieder schnitt er ein Stückchen ab, und hielt es mir hin.

Nächsten Tag wollte ich nur ein Cola Eis, sofort bekam ich eine Schachtel, wobei mir am nächsten Tag aber nach Capri Eis war, selbstverständlich kam da auch sofort ein Karton.

Ich glaub der Patienenkühl- und Gefrierschrank war nur noch voll mit Delikatessen für mich, meine Lieblingsjoghurts, Kekse, Getränke. Ich hatte immer, dank ihm, alles parat, und das in einer Menge, dass ich die ganze Station hätte versorgen können.

Einmal, ich lag wohl grad eine Woche auf der Normalstation, freute ich mich sonntags auf meinen gelben Knödel, dann kam aber Püree, ich bin fast in mir selbst zusammengebrochen, er hat das sofort bei den Schwestern reklamiert und gesagt, wenn sie keinen Knödel mehr auftreiben, dann fährt er in die nächste Wirtschaft, ich brauch einen Knödel! Und der Knödel kam dann auch, und ich konnte nicht mal einen viertel schaffen, das tat mir so leid.

Ich sah seine Verzweiflung und Angst in den Augen, aber auch diese innige Liebe, da musste ich doch unbedingt gesund werden, ich konnte ihn doch nicht alleine zurücklassen.

Die schönsten Momente waren für mich, wenn ich wieder alleine im Zimmer lag, was ja oft der Fall war, er sich am Rande des Bettes zu mir legte, mich im Arm, eine Hand beim Karl, das war mega toll. Diese Krankheit hat uns noch besser zusammengeschweißt.

Er fuhr mich mit dem Rollstuhl, er übte mit mir am Rollator, ich weiß nicht, ob ich es ohne ihn geschafft hätte.

Aber ich wollte kämpfen für ihn!

Eines Tages, ich lag da bereits bestimmt schon fünf Wochen in der Klinik, wusste ich er kommt abends mit seinem Freund, da nahm ich alle Kraft zusammen, zog mich an und erwartete die beiden unten am Haupteingang.

Hey, sie liefen an mir vorbei, bis ich gerufen hatte, ich war das erste Mal normal angezogen, ich hatte so abgenommen, sie hatten mich nicht mehr erkannt.

Im Bett fällt ja das nicht gar so auf, aber im schwarzen Shirt und schwarzer Leggings wohl. Oh je, mein Schatz hat gleich geweint, er war so schockiert.

Ich habe es ja selbst im Spiegel gesehen, wer mich vorher kannte und dann – war wirklich furchtbar.

60

Zu Hause gings ganz gut weiter, ich war mit Karl heimgekommen. Oft war es nicht einfach, wen Karl und ich getrennte Wege gingen, ohne dass ich es bemerkte, dann hob er ihn einfach auf, rief mich und gut war's.

Er musste auch diesen mega Gestank ertragen, wenn ich auf der Toilette nur den Beutel ausstreifte, da roch nicht nur das Bad, das roch man im Gang auch noch.

Ich hatte ja ein Dünndarmstoma, also mein Dickdarm war ausgeschaltet, dieser Dickdarm filtert aber die Bitterstoffe und was weiß ich noch alles raus aus dem Mageninhalt, darum dieser bestialische Geruch.

Gewechselt habe ich ja im Schlafzimmer, wegen des Spiegels den ich anfangs brauchte, immer am Morgen, aber manchmal musste Sigi noch rein, wegen Klamotten oder so, da hörte ich nie ein Wort, nicht mal einen Seufzer.

Er war einfach nur klasse. Die Platten musste ich ja ausschneiden vorher, sie sollten nicht kalt sein, wenn ich zum Duschen ging, nahm er bis dahin, die neue Platte, legte sie sich auf den Bauch damit sie warm war, bis ich sie brauchte.

Immer war Verständnis da, bei allen was wir unternahmen oder auch so machten.

Er passte auch auf Karl auf, er gehörte ja nun zu uns.

Ich weiß nun genau, dass sich viele die Frage stellen, genau diese Frage!!

Also wenn wir auf der Couch beim Fernsehen lagen und gekuschelt haben, war es egal, ob seine Hand Karl berührte oder nicht, es war einfach so, und Sex hatten wir nicht mehr oder weniger als vorher, Karl hat da nie gestört, ist doch nur ein Beutel!

Ein Beutel an einer Stelle wo er nicht stört.

Wir sind halt ein Team! Und wer Sigi kennt, der hat bestimmt mit ihm mitgelitten.

Enkel

Dieses Kapital war mir ja auch besonders wichtig. Ich habe drei Enkelsöhne, auf die ich sehr stolz bin. Klar, wenn ich frei hatte, war Oma ja auch immer verfügbar. Wann immer Zeit war, liebte ich es, mit ihnen ins Freibad, zum Weiher oder auch an die Donau zu gehen.

Aber auf einmal war ich krank, richtig krank! Ich erinnere mich an die Intensivstation, an meinen Enkel Hannes. Ich weiß nichts genaues mehr, aber ich weiß, dass er da war!

Zurück auf der normalen Station, da waren sie alle da. Lustig war es auch, man muss sich mal das vorstellen, der Bauch ist von oben bis unten aufgeschnitten, die Schläuche und Nadeln sitzen drin, du liegst da, dann kommen die Powerboys höchstpersönlich, „Oh, Oma tut dir das weh?"

Nein, man will ja den Kids keine Angst machen, also zeigte ich ihnen die Fernsteuerung vom Bett. Also auf und nieder ging ja noch, dann Kopfteil vom Bett vor und zurück, da kam ich dann schon an die Schmerzgrenze, ok, dann noch das Nachtkästchen, ob was drin ist, cool meine Jungs, da war ich erst mal richtig kaputt.

Dann kam der nächste mit seinem Doktor Koffer, gab mir Spritzen und meinte: „Nun komm, nun bist du gesund, nun kannst du wieder heim!" Ich war froh, als die Zeit in der Klinik rum war.

Aber daheim mit meinen Karl war es ja nicht grad einfacher.

Gut, Dominik mit seinen grad mal zwei Jahren, den hat das nicht interessiert, ob bei mir ein Beutel rausspitzt oder nicht.

Hannes war 3, da wurde es schon problematischer, er sagte immer: „Tu den Beutel weg, ich mag das nicht."

Ich war mal zum Frühstücken eingeladen, dann wollte er auf meinen Schoß und malen. Als er mit seinem Popo auf mir rumrutschte, wollte ich gerade noch sagen, pass auf Omas wehen Bauch auf, zu spät, meine komplette Versorgung hat er mir runtergerissen, dass mir die Brühe bis über die Knie gelaufen ist. Schnell, sag ich, ruf die Mama, weil ich in dem Zustand ja nicht mehr aufstehen kann. Er ruft runter, Mama komm schnell, der Oma ist was passiert, sie rennt die Treppe hoch und fragt, was ist denn passiert? Er ganz cool: „Schau sie doch an, „abgschleddert" hat sie sich wieder von oben bis unten!" Wir mussten Tränen lachen, er meinte wohl, das kommt noch vom Frühstück.

Ich sagte dann: „Mei, die Oma ist halt schon zittrig und alt.", er meinte nur, das stimme nicht, Oma ist noch ganz neu!

Bei dem fünfjährigen Maximilian wurde das schon ein größeres Problem, bei ihm vermied ich es, dass er den Beutel sah, weil er mich mit Fragen durchlöchert hätte.

Er ist so weit für sein Alter, der hätte das alles ganz genau wissen wollen, da wäre nichts mit schnellem Erklären gegangen, der hätte das bis ins Detail wissen mögen, aber genaustens. Da hätte ich ein Medizinstudium gebraucht, um ihm das zu erklären. Ich wollte einfach nicht, dass er sich Gedanken macht, oder es in seinen kleinen Köpfchen arbeitet und er dann immer überlegen muss.

Ein Kind soll unbeschwert aufwachsen. Da ja mein Stoma nur auf Zeit war, dachte ich, dass das die beste Lösung ist. Wäre es endgültig gewesen, hätte man es ihnen erklären müssen, aber so sah ich keine Notwendigkeit.

Obwohl es noch so viele Lachnummern gab, zum Beispiel

Sagte mein Enkel zu seinem Freund Kilian, „Du, meine Oma kommt ins Krankenhaus, da gibt's dann den Beutel ab.", Kilian ganz cool: „Ja, versteh ich, meine Oma musste auch die Hühner weggeben." Köstlich!

Ich liebe diese drei Jungs so sehr, Enkelkinder sind schon was Besonderes.

Und meine Enkel sind der Dank dafür, dass ich meine eigenen Kinder nicht erwürgt habe, als sie in der Pubertät waren.

Hört sich zwar knallhart an, ist aber so.

66

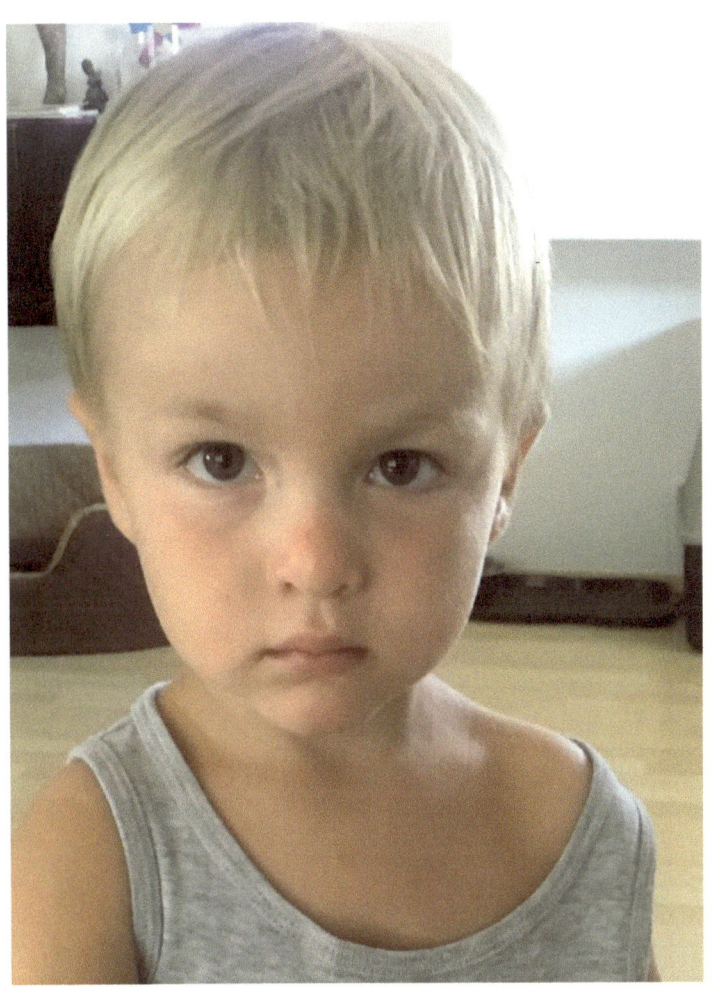

Dominik

Hannes

Maximilian

Ein Spanier, ein Ungar und ich – meine Hunde, mein Leben

Sicher, war es für mich sehr schwer, als ich im Krankenhaus war, ich dachte oft an meine Hunde, wenn es mein Gesundheitszustand zuließ. Ich hatte ja Gott sei Dank einen Kurs in Tierkommunikation gemacht, daher konnte ich auch, ohne dass ich daheim war, mit ihnen kommunizieren.

Sie wussten, dass ich wiederkommen würde.

Ich wollte aber nicht, dass man sie mir in den Klinikgarten brachte, das wäre für mich so furchtbar gewesen und die Hunde hätten es auch nicht verstanden.

Als ich nach so langer Zeit nach Hause kam, da sind sie gekommen und haben an mir gerochen, sie wussten instinktiv, dass es mir nicht gut ging, und legten sich sofort an meine Füße. Ich habe sie auch sofort an Karl riechen lassen, spätestens da war für die beiden klar, jetzt gilt Vorsicht.

Sie waren mehr als vorsichtig, wir gingen bisschen spazieren, beide ohne Leine an meiner Seite, sie wussten wohl, dass es für mich ein Kraftaufwand war.

Rufen hätte ich sie nicht können, soviel Kraft hätte ich gar nicht gehabt, aber das haben sie gleich gemerkt.

Ein Nachbar sagte zu mir: „Um Gottes Willen, du wirst doch nicht mit deinen Hunden gehen, wenn die an der Leine ziehen, dann platzt dir alles auf."

Ich sagte nur, dass meine Hunde nicht ziehen, sondern froh sind, dass ich wieder da bin.

Ich werde nie vergessen, wie meine Hunde zu mir waren, darum werde ich auch in Zukunft lieber mit Hunden arbeiten als noch mal mit Menschen

72

Wobei ich ja als Hundefreund nicht immer auf nette Menschen treffe, da reichte es mir schon einmal, als ich die Hunde grad aus dem Auto aussteigen ließ, dass man mich sofort blöd anmachen musste, ob ich nun die Hunde zum kacken frei ließe.

Aber ich bin ja nicht auf den Mund gefallen, sagte gleich: „Meine Hunde nicht", hob das meinen Pullover hoch, so dass man mein Stoma sehen konnte, und sagte dann: „Aber ich würde gerne meinen Beutel ausleeren, soviel ich weiß ist das ja noch nicht verboten, also gehen sie bitte zur Seite.

Der Mann war so sprachlos, dass er sofort weitergelaufen ist.

Tja, mich und meine Hunde sollte man besser nicht dumm anmachen, weil es da schon sein könnte, dass ich mal sehr böse reagiere, und ich kann auch sehr ekelhaft werden.

Ich möchte nicht, dass meine Hunde irgendwo ihre Häufchen hinterlassen, die mache ich immer sofort weg, ich dulde auch nicht, dass sie in einer Wohnsiedlung an Mauern, Sträuchern oder Einfahrten das Bein heben. Ich möchte auch nicht, dass sich

Nachbarn durch Bellen gestört fühlen, das will ich selber nicht.

Nachdem ich sowieso alles tue, wünschte ich mir auch ein bisschen mehr Toleranz, aber ich glaube das wird mein nächstes Buch.

Mittlerweilen hat sich ja zu meinen beiden Hunden noch eine elfjährige Labradorhündin dazu geschlichen, eine Oma deren Herrchen ins Altersheim kam.

Sie ist mir unendlich dankbar, und nicht ich sie, sondern sie hat sich für mich entschieden.

Meine Reise nach Andalusien

Da mir ja noch zwei Operationen bevorstanden, dachte ich, es würde bestimmt nicht schaden vorher noch etwas Kraft und Sonne zu tanken. Da ja Spanien, vor allem aber Andalusien, für mich immer schon mein Traum war, beschloss ich, die Reise genau dorthin zu machen. Mir kam dazu auch noch der Umstand zugute, dass ich eine Bekannte hatte, die letzten Sommer nach Andalusien ausgewandert war.

Nach einigem hin und her Schreiben, lud sie mich zu sich ein. Irgendwie kam dann das Gespräch auf ihr Auto, das noch in Passau war und sehr von ihr vermisst wurde. Sie hatte niemanden, der es ihr bringen konnte und es überführen zu lassen, war definitiv zu teuer.

Nachts im Bett kam mir dann diese glorreiche Idee, ich könnte ihr doch das Auto runterfahren und nachdem ich morgens mit Sigi darüber gesprochen hatte, war alles klar. Er sagte nur: „Du bist eine gute Fahrerin, wenn du es dir zutraust, mach das!"

Gesagt, getan, ich gab ihr Bescheid, sie möge das Auto für mich startklar machen lassen, buchte nur einen Rückflug.

Natürlich nicht, ohne mich in einer Gruppe für Flugpaten zur Verfügung zu stellen, somit hatte ich auch beim Heimflug noch zwei Hunde und eine Katze im Gepäck.

Klar, ich traf mit meinem geplanten Trip im Familien und Freundeskreis nicht gerade auf Verständnis, das kann sich wohl jeder vorstellen.

Alleine mit einem fremden Auto 2800 km zu fahren und dann noch mit einem Stoma und zwei großen Bauchbrüchen, naja zugegeben, hörte sich auch etwas verrückt an. Für mich war es jedoch schon beschlossene Sache, ich wollte fahren.

Weil, verrückt war ich ja von Haus aus, also passte dieses Vorhaben genau zu mir.

Von einem Bekannten ließ ich mir nun die Reiseroute ausdrucken. Er und mein Freund waren ja der Meinung, es wäre für mich viel zu gefährlich durch die Schweiz zu fahren, da man mich dort bestimmt mit meiner rasanten Fahrweise blitzen würde. Da die Schweizer in dieser Beziehung ja da nicht unbedingt kompromissfähig wären, sollte ich die Schweiz umfahren, über Karlsruhe, Stuttgart, nach Lyon.

Naja, des Friedens Willens stimmte ich zu, war mir ja auch irgendwo egal. Das Auto, ein Audi Avant, holte ich zwei Tage vor meiner Abreise, der war vollgepackt bis oben hin, ich glaubte ich hatte einen halben Hausstand dabei. Meinen Rucksack mit Wäsche gurtete ich mit dem Kindersitz auf der Beifahrerseite an, eine Kühltasche mit ausreichendem Versorgungsmaterial hatte ich auch dabei.

So ging ich mit meinen Karl am 9. März 2018 auf die große Reise.

Erster Halt war gleich mal in Deggendorf, ich konnte das Radio nicht leiser machen, lassen konnte ich es so auch nicht, da wäre ich wohl nach halber Strecke taub geworden. Also die nächste Werkstatt angefahren und, das müsst ihr euch mal bildlich vorstellen, ich komm da an, trug mein Anliegen vor, der Mechaniker guckte mich an, sah in das Auto und fragte was ich denn heute noch vorhätte.

Ich fahre nun nach Andalusien, sein Blick war unbezahlbar, er sagte nur noch: „Oh, ok!" Ich wusste jedoch genau was er dachte, jetzt kann die nicht mal das Radio bedienen, aber fährt nach Spanien. Ach, Männer haben ja überhaupt keine Ahnung.

Ich kam am ersten Tag sehr zügig voran, hab mich auch exakt an die Route gehalten, deswegen haben sie mich in Stuttgart auch geblitzt, also das Umfahren der Schweiz hätte ich mir sparen können.

Männer sind halt immer gescheiter.

Mein Navi brauchte ich da auch noch nicht, hätte mir aber wohl auch nichts gebracht, weil der einfachster Weg über die Schweiz gewesen wäre. Das Navi hätte mich wohl immer umleiten wollen, das wollte ich ja vermeiden.

Mein Karl hielt sich tapfer, das Problem jedoch war, dass der Gurt vom Audi genau draufdrückte, das hatte ich ein bisschen unterschätzt. Ich fahre ja privat einen Berlingo, da sitzt man anders drin. Jetzt konnte er nicht ablaufen, ich musste öfter mal einen Stopp einlegen und aussteigen, damit ich dann den Beutel leeren konnte, aber im Großen und Ganzen war er sehr brav.

Ach, übrigens, hat schon jemand in Frankreich getankt, ja du alter Schwede, das ist erst mal eine Aktion. Ich war an der Zapfsäule, da ging nichts, nur mit Karte, bei den nächsten Zapfsäulen war es nicht anders. Also rein, zu dem Typen an der Kasse „Please cash", er: „Okay", hm, ich wusste nicht, hat er mich verstanden oder nicht, wieder raus, dasselbe in grün. Es ging nichts, dann kam mir aber der Zufall zur Hilfe, es kam noch ein Deutscher, der hatte das gleiche Problem. Er sagte früher musste man das Benzin im Voraus bezahlen, jetzt ging mir ein Licht auf. Nun hatte ich zumindest das System verstanden, nur wie sollte ich nun wissen, wieviel Liter ich brauchte, keine Ahnung was so in so einen Audi reinpasst, ich wusste ja auch nicht, wie viel noch drin war. Also musste ich pokern, aber lag mit fünfzig gekauften Litern ganz gut in der Norm, zumindest war er fast wieder voll.

In Montpellier machte ich dann die erste Pause, und fand nach ein paar Straßen, mehr durch Zufall, ein Ibis Hotel, wo ich meine erste Übernachtung buchte, was ja gar nicht so einfach ist, wenn man kein Wort französisch spricht.

Ich dachte immer, Englisch sei eine Weltsprache, weit gefehlt, da hätte ich genauso gut nach Afrika zu den Massai reisen können, da wäre die Verständigung nicht anders gewesen.

Irgendwie brachte ich es aber dann doch hin und erhielt einen Zimmerschlüssel.

Wahrscheinlich sah mir der junge Mann an der Rezeption meine Verzweiflung an, immerhin fragte er, ob ich einen Kaffee wollte. Lieber nicht, weil ich sonst wohlmöglich nicht schlafen konnte.

Dort, in meinem Zimmer angekommen, ist mir als erstes, gerade, als ich die Sachen aufs Bett gestellt hatte, meine komplette Versorgung geplatzt, Karl machte sich selbstständig und rutschte, natürlich nicht ohne eine riesen Sauerei zu hinterlassen zu Boden.

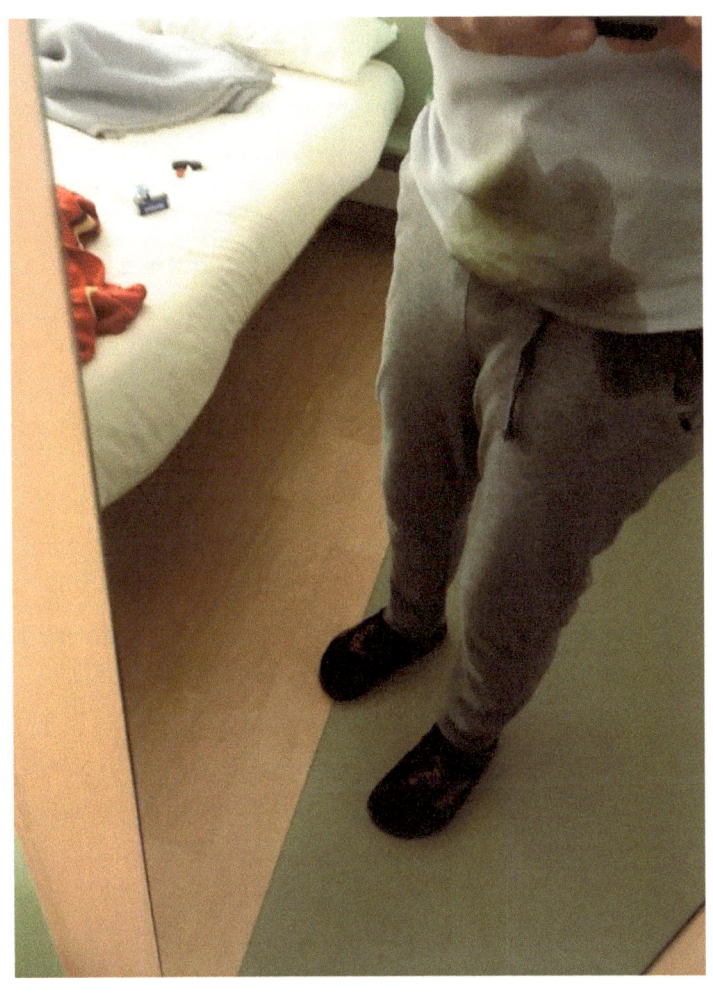

Ich hatte nur mein Täschchen dabei, mit Nachtsachen, von oben bis unten voller Kacke, musste ich dann runter, meinen Bauch mit Toilettenpapier ausgestopft und bei strömenden Regen im Auto Wechselwäsche suchen. Da kam Freude auf. Na, war ich auch noch klatschnass, natürlich entgingen mir nicht die Blicke, als ich wieder an der Rezeption vorbeimusste, wo auch noch neue Gäste eincheckte. Aber ihr wisst ja: hinfallen, aufstehen, Krone richten und weiter gehen! Genau so machte ich es.

Aber der nette Kerl fragte wieder ob ich einen Kaffee wollte, ich meine Jacke auf, zeigte ihm mein Dilemma und sagte nur, „I have a problem", er sah die Sauerei und mein Stoma und sagte nur „Bier?" Das fand ich ja schon süß, aber das konnte ich nun auch nicht brauchen, darum gleich hoch nach oben.

Nur noch duschen und ab ins Bett, noch ein wenig französischen TV gesehen, das war es für diesen Tag.

Karl hatte sich auch wieder beruhigt. Er war halt müde und kaputt, genau wie ich.

Am nächsten Tag, nach einem richtigen französischen Frühstück mit Croissant und Käse, ging es wieder weiter.

Nächstes Problem, ich kam nicht aus dieser Stadt raus, sicher hatte ich ein Navi, nur das ging nicht, Akku leer und es ließ sich nicht laden, Frau von Welt hat natürlich ein iPhone, nur kein Internet, na toll.

Ich brauchte fast eine Stunde zur Autobahn, aber bis es so weit war, hätte ich es fast an den Nerven bekommen. Vierspurige Kreisel, die Franzosen haben kein Verständnis für eine Frau mit Passauer Kennzeichen,

82

die hupten, blinkten auf und nötigten mich bis zur Verzweiflung.

Denen ist es auch egal gewesen, ob ich Vorfahrt hatte oder nicht, die sind kreuz und quer gefahren, ich ewig im Kreisel, dass mir schon ganz schwindlig war, ich dachte immer, jetzt kracht es.

Das war ja auch meine größte Sorge, in einem Land, dessen Sprache ich nicht verstand, einen Unfall, da hätte ich null Chance gehabt, weil ich mich nicht einmal hätte verteidigen können. Wie denn auch, wenn mich niemand verstand. Also am liebsten wäre ich wieder zurück-gefahren

Ein Wunder geschah, ich sah das Schild für Autobahn und da ich ja wusste, dass ich Richtung Barcelona musste, schaffte ich es irgendwie da rauf zu kommen.

Zumindest war ich nun wieder am richtigen Highway.

Nach gut einer Stunde sah ich dann zum ersten Mal das Meer. Es war ein sehr bewegender Moment für mich, es liefen mir sogar die Tränen vor Freude, ich hatte auf Grund meiner schweren Krankheit und so wie ich damals da lag, nicht mehr geglaubt, dass ich das Meer noch jemals sehe.

Es war wunderschön an dieser Küste entlang zu fahren, ich fühlte mich so befreit und richtig glücklich. Es ist toll so zu fahren, man kann in Ruhe seinen Gedanken nachgehen, es beruhigte mich sehr.

Daher hatte ich auch in Barcelona kein Problem auf der achtspurigen Autobahn die richtige Abfahrt zu finden und fuhr weiter Richtung Valencia.

Je wärmer es wurde, desto mehr machte mir das Stoma Probleme. Das Schwitzen führte dazu, dass sich die Platten immer auflösten, immer wieder fing mein Karl zu spucken an. Jetzt wurde es auch schwierig für mich zu tanken, ich wollte am liebsten gar nicht mehr aussteigen, hatte Panik den oft sehr gefüllten und durch Luft aufgeblähten Beutel zu bändigen. Vorsichtig stieg ich immer aus, setzte immer ganz langsam ein Bein vor das andere, damit er ja nicht platzte.

Der Gang zur Kasse wurde für mich zum Spießrutenlaufen, oft merkte ich schon, dass er sich löste, schaffte es aber meistens wieder gut zurück zum Auto. Zum Glück hatten die Rastplätze in Spanien überdachte Parkplätze, und ich somit Schatten.

Hier wiederum erwies sich der Beutel oft mal auch als Vorteil, ich musste nicht auf die ja doch manchmal sehr verschmutzten Autobahntoiletten gehen, sondern konnte die Versorgung in aller Ruhe im Auto erledigen und dann ganz einfach nur entsorgen. Ich hatte ja sozusagen eine Toilette to go !

So wurde auch kein Stau zum Problem, weil ich ja jederzeit kurz auf den Seitenstreifen hätte ausweichen können, das blieb mir aber zum Glück erspart.

Das ich dann bald ein weitaus größeres Problem bekommen würde, ahnte ich zu diesem Zeitpunkt noch nicht, nämlich Valencia.

Mein Plan war, da diese Stadt, laut meiner Reiseroute, direkt am Meer lag, dort abzufahren, mir eine Bleibe zu suchen und ein bisschen die Beine ins Wasser baumeln zu lassen. Zu diesem Zeitpunkt hatte ich knapp 2000 km hinter mir und es wäre ein schöner Ausgleich gewesen, ja, wenn es nur so einfach gewesen wäre!

Schon bei der Abfahrt Richtung Zentrum beschlich mich das seltsame Gefühl, dass dies keine gute Idee war. Ich war aber schon mitten drin im Verkehr und konnte nirgends mehr wenden. Also Zähne zusammen und durch. Es handelt sich bei Valencia nämlich, wie ich dann später feststellen musste, um eine Großstadt, mit ca. 800.000 Einwohner, und ich wusste nicht in welche Richtung ich fahren sollte, so kam es wie es ja kommen musste, dass ich mitten drin war, keine Ahnung wie ich fahren sollte.

Woher die Spanier ihren Führerschein hatten, ist mir ja noch bis heute ein Rätsel, in einer Fahrschule haben sie ihn mit Sicherheit nicht gemacht, das steht definitiv fest.

Kreuzungen, aus den sie zum Teil vierspurig von bestimmt sechs Seiten kamen, einfach kreuz und quer. Ihnen ist es auch egal, ob eine Ampel rot ist oder nicht, die fahren einfach, wie die Bekloppten und immer die Hand auf der Hupe. Ich war nur noch ein Nervenbündel, ich habe ja nicht leicht Angst vor etwas, nun hatte ich auf einmal eine Todesangst.

Am liebsten hätte ich das Auto stehen lassen, wäre raus und hätte mich auf einer Palme, die dort überall in den Verkehrsinseln rumstanden, gerettet.

Irgendwie hatte ich mich dann doch auf eine Seitenstraße gerettet, ich konnte nicht mal aussteigen so haben mir die Beine gezittert.

Hier übernachten, nein danke, das ist mir gründlich vergangen. Ich musste mich erst mal sammeln und ein neuer Plan musste her. Ich wusste ja noch nicht mal, in welche Richtung ich fahren musste, um auf die richtige weiterführende Autobahn zu kommen.

Hier beschlich mich zum ersten Mal das Gefühl, ob es vielleicht doch keine so gute Idee war, alleine diese weite Reise zu fahren. Aber für Selbstmitleid hatte ich nun gar keine Zeit, hätte mir auch nichts gebracht, ich war mittendrin in diesem Abenteuer und musste nun eine Lösung finden, und das zackig.

Ich brauchte dringend ein Navi, doch wie ich wieder zu dem MediaMarkt kommen würde, den ich im Vorbei-fahren gesehen hatte, war mir schleierhaft. Was hätte es mir auch gebracht? Ohne Spanischkenntnisse ein Navi zu kaufen, das dann bitte auch auf Deutsch eingestellt werden soll. Utopisch! Also Augen zu und weiter.

Zwischenzeitlich klingelte auch noch mein Handy, Sigi war dran, machte sich Sorgen, weil er schon lange nichts mehr von mir gehört hatte. Wie denn auch, wenn ich ewig in einen Kreisel fahre? „Na, wie geht's dir?" „Ach, alles easy bei mir, ich melde mich später, bin

86

grad am Fahren.". Aufgelegt und am liebsten hätte ich wieder los geflennt!

Es kam mir dann in meiner Verzweiflung die glorreiche Idee, Datenvolumen auf meinem Handy zuzubuchen, somit hatte ich wenigstens eine deutschsprachige Stimme.

Das ich nicht früher draufgekommen bin.

Zumindest war ich wieder in deutschsprachiger Begleitung. Relativ schnell war ich dann auch wieder auf der richtigen Autobahn in Richtung Ziel, jedoch war ich schon wieder zwölf Stunden unterwegs und brauchte unbedingt ein Quartier. Mein Vorhaben, nur bis zum Nachmittag zu fahren, war ja gründlich in die Hose gegangen, inzwischen war es schon nach zweiundzwanzig Uhr.

Von der Autobahn wollte ich nicht mehr abfahren, fand aber dann eine Ausfahrt, wo auch Übernachtungen angeboten wurden.

Da standen lauter Männer vorm Lokal, das war nun auch nicht gerade meins, ich hatte doch jede Menge Bargeld dabei, und finster war es da auch. Also weitergefahren, was aber auch nicht sehr einfach war, weil ich wirklich sämtliche Umgehungsstraßen fahren musste. Es dauerte fast wieder eine halbe Stunde, bis ich wieder auf der richtigen Autobahn war.

Ohne Navi undenkbar, da würde ich heute noch rumfahren.

Ich beschloss nun, die nächste Ausfahrt, etwa eine Stunde später, an einer öffentlichen Tankstelle, die auch Übernachtungen anbot, runter zu fahren. Sie sah seriös aus, zumal da viele Leute waren, dort fühlte ich mich sicherer. Sah auch sehr nett und sauber aus und dadurch, dass eine Gaststätte dabei war, fand ich es gut.

Mir war nun schon alles recht, nur ein Bett. Es war aber wirklich nett und vor allem auch sauber, darum blieb ich.

Das Metallbett in der Unterkunft, glich für mich im Moment mehr einer Sonderanfertigung eines Boxspringbettes vom Hiendl, so froh war ich. Da machte es mir auch nichts aus, dass ich zur Abwechslung mal einen spanischen Fernsehsender ansehen musste und die Coke fünf Euro kostete. Ich wollte nur noch liegen und schlafen.

Nächsten Morgen, diesmal nach einem spanischen Frühstück, bin ich aber schon wieder früh um sechs los.

Es war ja schon sagenhaft, was am Sonntag in der Früh auf Spaniens Autobahnen los ist, solchen Verkehr hatte ich auf der ganzen Reise nicht, wie zu diesen Morgenstunden und das, obwohl es noch stockfinster war.

Endlich war es so weit, die Sonne ging gerade auf und ich fuhr nach Andalusien rein.

Man kann es mit Worten kaum beschreiben, es ist als würde man eine andere Welt fahren.

Diese beeindruckende, gewaltige Natur, diese unendliche Weite, umfasst mit den roten Bergen, das war der Wahnsinn pur. Ich war total überwältigt und kann nur sagen, das war der emotionalste Moment in meinem Leben! Ich bin ja nicht so eine Gefühlstussi, ich wein auch nicht leicht, aber ich habe geweint vor Glück, dass ich so was sehen darf, ich konnte mich gar nicht mehr einkriegen, das war so irre.

Irgendwann habe ich dann nicht mehr weiterfahren können, ich habe am Seitenstreifen der Autobahn mit Warnblinkanlage geparkt, bin ausgestiegen, habe Fotos gemacht und es erst mal sacken lassen. In diesem Moment wollte ich nur den schönsten Augenblick meines Lebens genießen. Es war mir so was von egal, ob man mich zusammengefahren hätte, na und, ich war angekommen, also was sollte es,

Ich wollte es nur noch spüren, dieses Land, diese Pracht, das andere schien mir alles nicht mehr wichtig, nur, dass ich das noch erleben durfte. Und außerdem nahmen die Spanier es ja mit den Verkehrsregeln auch nicht so genau, und ich fühlte mich in diesem Augenblick furchtbar spanisch.

Bestimmt stand ich eine Stunde bewegungslos da, die Hand auf meinen Karl, im Zwiegespräch mit mir und ihm, wir hatten es geschafft. Wir hatten so viel hinter uns, ich habe überlebt, das hier hat mich für alles entschädigt was ich durchmachen musste. Ich kann nur jedem, der Andalusien liebt und dort Urlaub macht, empfehlen, einmal mit dem Auto zu fahren, beim

Fliegen bekommt man dieses Feeling nicht und verpasst so viel.

Die Reise ging ja nun weiter, immer durch dieses schöne Land, es hatte aber nicht nur die Sonne und die roten Berge für uns parat, nein wir sahen die Berge auch mit Schnee bedeckt, sagenhaft wenn man bedenkt das man in Spanien ist.

Als mich der Weg durch die Berge führte, war es extrem windig, ich hatte echt zu tun, um das Auto in der Spur zu halten.

Dort hielt ich auf einem Rasthof an, zur Begrüßung erwartete mich ein Regenbogen. Nein, nicht so einer den ich oder ihr alle kennt, der war anders, er ging von einer Seite zur anderen, ich konnte es leider mit dem Handy nicht so aufnehmen.

Als ich dort oben tankte, musste ich gegen den Wind zur Zahlstelle rein, ich dachte ich fliege davon, erinnerte mich schon an den Film Heidi, als der Almöhi gegen den Sturm lief. Die Tanke selber war total cool, ich habe dort das beste Schinkenbrot meines Lebens gegessen und der spanische Kaffee ist ja sowieso Weltklasse, das sage sogar ich, obwohl ich keine Kaffeetante bin.

Diese Reise führte mich aber nicht nur über die schneebedeckten Berge, auch durch grüne Schluchten, die schon eher an den Regenwald erinnerten, es war einfach sagenhaft. Man bekommt einfach keine Langeweile beim Fahren, gar nicht, man hat so viel zu sehen und zu bestaunen, da vergeht die Zeit wie im Flug und ich näherte mich meinem Ziel immer schneller. Obwohl ich ja ganz gemütlich fuhr, ich hatte ja weder Eile noch Zeitdruck, war ich schon einen Tag eher dran.

Die Autobahnen waren sehr ruhig, schön zum Fahren, ich näherte mich immer schneller meinem Ziel. In Sevilla machte ich noch mal Halt, wollte Karl die Möglichkeit geben abzulaufen, schließlich hatten wir schwer verdauliches Schinkenbrot, rohen Schinken noch dazu. Es klappte alles ganz gut, wir kamen prima durch

Sevilla! Natürlich haben wir dort, dank der vielen Kreisel, die sie ja überall in Spanien haben, noch einmal eine Ehrenrunde gedreht.

Obwohl sich die letzten einhundert Kilometer dann doch noch gezogen haben, man wird ja auch etwas nervöser, je näher man an sein Ziel kommt.

Gegen frühen Nachmittag hatten wir aber dann unser Ziel Bonares erreicht. Im Vorfeld hatten wir schon abgeklärt, dass ich mich telefonisch melde, sobald ich die Abfahrt rausfahre. Eine Adresse für das Navi gab es nicht.

Bis nach Bonares war es auch kein Problem, ich habe dann am Ortseingang gewartet. bis mich meine liebe Gastfamilie abgeholt hat. Da gab es auch keine großen Worte, wir hatten uns gesehen, gewunken, sie hatten gewendet und ich hinterher.

Bisher hatte ich ja wirklich ganz gut auf den Audi aufgepasst, sogar immer abends noch rund um das Auto gelaufen, Staub und Dreck sogar noch mit Spucke abgeputzt, ich wollte das Auto perfekt übergeben.

Aber was mich dann erwartet hat, wo wir dann hingefahren sind, ja da hat mir direkt das Herz geblutet. Ein Schlagloch um das andere, durch Pinienwälder durch, also da war ja das Risiko, dass ich das Auto zusammenfahre in Valencia noch harmlos dagegen.

Da hätte ich ja nie im Leben hingefunden. Jedes Mal, wenn ich dachte, oh da sind ein paar Fincas, jetzt sind wir da, sind wir wieder vorbei, wieder durch die Pampa, ich dachte, das gibt's ja gar nicht. Fünf Kilometer waren ja dann gefühlte zwanzig.

Und Schlaglöcher so groß, da hätte ich zu Hause Fische darin gezüchtet, oh ja Karl da bist wirklich ein richtiges Beuteltier gewesen.

Angekommen

Irgendwann nach gefühlten einhundert Fincas ging doch tatsächlich mal ein Tor auf, wir waren angekommen. Dann endlich, nach 32 Stunden reiner Fahrzeit und ca. 2800 Kilometer, am Ziel, raus aus dem Auto und uns erstmal begrüßt und umarmt.

Die beiden Kids von ihr hatten sich auch total gefreut, da sagt ihr Mädchen auf einmal: "Du dir ist gerade was runtergefallen, du hast was verloren."

Nein, bitte nicht, ich hatte ja nichts in der Hand, bitte nein das kann es doch nun echt nicht sein! Ist bestimmt nur ein Bonbonpapier oder meinetwegen ein Tempo – ich traute mich fast gar nicht auf den Boden zu sehen!!!

Ganz langsam senkte ich meinen Blick, ich dachte ich versink im Erdboden, da Karl lag da, ich versuchte schnell die Situation zu retten, hob ihn auf, meine Hand natürlich sofort aufs Stomaloch, weil ihm nun einfiel, auch noch fördern zu müssen, ich nenn es spucken, nein, ich nenn es mich zu ärgern. Sagte nur noch: „Ach, das ist mein Karl, mein Maskottchen, und nun muss ich mich schnell frisch machen, nach dieser langen Fahrt, dann reden wir weiter.

Ach Karl, du konntest manchmal wirklich nur peinlich sein und immer dann, wenn es gar nicht passte.

Ich durfte dann mein Appartement beziehen, und machte mich erst mal wieder salonfähig. Dann gab es was zum Essen, Gulasch, ich glaube, das war das Beste

96

Gulasch in meinen Leben. Und dann haben wir geredet und geredet und geredet. Alec, so hieß meine Bekannte, kannte das Stoma Problem, eins ihrer Kinder hatte das auch mal, es war auch bei uns sofort eine Ebene da – so wurden aus Bekannten Freundinnen.

War ja sowieso cool, die Kinder bekamen Mitbringsel und sie gleich zwei Tüten Dreckwäsche zum Waschen!

Aber ich fühlte mich dort gleich wie zu Hause.

Karl im Moment auch noch, ich wusste zu dem Zeitpunkt noch nicht, dass er auch anders konnte, der Lump, was er mir noch für Schwierigkeiten machen würde.

Ich hatte ja genug Versorgungsmaterial dabei, hätte mir zu Hause bestimmt zwei Monate gereicht, aber man weiß ja nie – Gott sei Dank war ich so clever.

Es war ja dort traumhaft schön, diese Orangen-, Zitronen- und Grapefruitbäume. Jeden Morgen machten wir uns frischen Saft aus selbstgepflückten Früchten und jeden Morgen ein tolles Frühstück. Oh, das ging 2 Tage gut, dann fing es schon an. Es zwickte und zwackte.

Ich wusste noch nicht warum, dachte kommt wohl von der Umstellung wegen Klima und Nahrung oder so. Da ich ja sowieso vom harten Kern war, schenkte ich dem Ganzen auch nicht viel Aufmerksamkeit. Außerdem hatte ich meinen 52. Geburtstag, und den wollten wir am Strand feiern, mit Karl, na klar. Es war ein herrlicher Tag, bis auf das Problem das Karl ewig rumzickte.

Wir waren am Strand, tranken dort Kaffee, so weit so gut, klar, dass ich ins Meer wollte, darum hatten wir doch diese lange Reise gemacht. Karl wohl auch, erst hat es ihm ganz gut gefallen, nur auf einmal war er weg, oh, er machte wohl gerade sein Seepferdchen Abzeichen!

Da kannst du nichts dagegen tun, so ist halt mit einem Partner wie Karl, hatte natürlich auch wieder gute Seiten, ich machte eine neue Versorgung dran und gut war es. Gute Seite meinte ich damit, da er sich vor Aufregung sehr schnell füllte, wäre etwas peinlich gewesen, wenn man am Strand zur Toilette muss, wenn keine da ist, da war Karl echt ein Freund.

Die Tage in Spanien waren sehr schön für mich, für Karl wohl nicht, er fing an sich zu entzünden, zu schmerzen in der Nacht, das war echt Neuland für mich.

Ich ahnte sehr wohl an was es lag, an den Orangen morgens wohl nicht, aber an den Grapefruits. Nun musste ich mich entscheiden, was für mich wichtiger war, frische Früchte selbst vom Baum gepflückt oder Tee, klar ich nahm die Früchte, wann hat man das schon. Oh, ich musste es bitter büßen, Schmerzen in der Nacht, die komplette Platte wund, einen Karl, der sich wehrte, war mir aber egal, das stand ich durch.

Da kniete ich lieber die ganze Nacht vor Schmerzen im Bett, als das ich auf diese Früchte verzichtet hätte.

No risk – no fun !

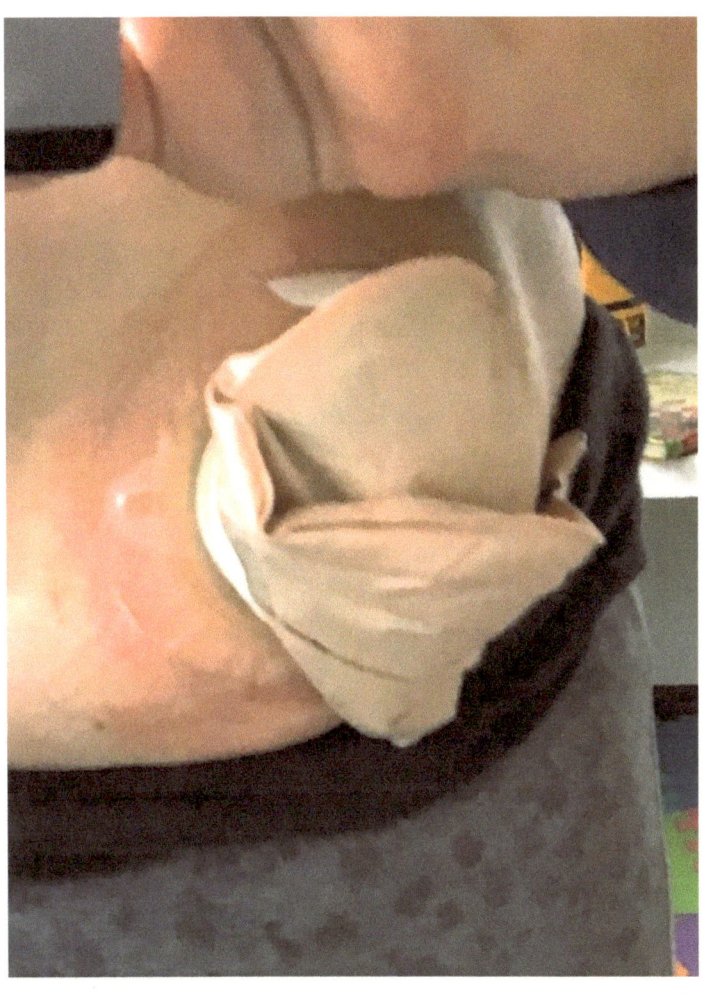

Zu schaffen machten mir auch diese Straßen mit den vielen Schlaglöchern, da der Gurt immer auf das Stoma drückte, tat das oft sehr weh. Ich wollte aber nicht das

Karl mein Leben bestimmt, daher machte ich nur Augen zu und durch.

Ich hatte sehr schöne Tage in Spanien, auch wenn ich meine Versorgung öfter wechseln musste und sehr viel Wäsche zum Waschen hatte.

Aber da das Ganze ja familiär war und ich eine Waschmaschine hatte, ging es. So ein Urlaub in einem Hotel hätte mich wohl an die Grenzen gebracht, soviel Wäsche hätte ich mir gar nicht kaufen können.

Leider vergingen diese Tage viel zu schnell, aber was gut ist, kommt ja wieder.

Ich konnte mich auch sehr gut erholen, im hauseigenen Pool.

Wir lachten sehr viel, unternahmen auch viel gemeinsam, und es war gleich ausgemacht, dass ich im Herbst wieder-komme, dann aber mit dem Flieger.

Da man mir aber auch angeboten hatte, über den Winter in der Finca des Nachbarn bleiben zu können, werde ich diese Reise wohl noch einmal mit dem Auto fahren, dieses Mal aber mit meinem Schatz und meinen Hunden und den Winter in Spanien verbringen.

Träume nicht dein Leben, sondern lebe deinen Traum! Genau diesen Satz hatte ich schon einmal, er fing an mein Begleiter zu werden.

Meine Freundin hatte ja auch Hunde, mit denen verstand ich mich ab den ersten Tag, wäre ja gerne noch in ein Tierheim, aber leider reichte die Zeit nicht

104

mehr. Vielleicht war das aber eh besser so, wahrscheinlich hätte ich einen Hund mit heim geschleppt, ich kenn mich ja.

Die einzige Sorge war dann meine Rückreise im Flieger. Ich hatte nicht nur mich, nein auch noch Karl, mein Handgepäck, meinen Koffer und zur Krönung eine Katze und zwei Hunde im Gepäck. Ich war nämlich auch noch Flugpate.

Das war meine nächste Herausforderung!

Das ganze Theater fing schon am Flughafen an, ich kannte zwar per SMS die Leute und die Tiere doch ich konnte kein Wort Spanisch und niemand Englisch, aber irgendwie schafften wir doch, dass die Hunde eingecheckt wurden, mit meinem Koffer, die Katze war zusätzliches Handgepäck.

Dann wurde es erst richtig lustig, ich muss ja nun mal zugeben, ich bin ja überhaupt, aber schon absolut kein Katzenfreund, beim Check-in, sollte ich die Katze nun auch noch rausnehmen. Ich dachte echt, das ist ein Witz, wenn mir diese Katze abhaut, die finde ich in diesem Flughafen nie mehr wieder und sie war mir anvertraut, oh Mann.

Spätestens jetzt wird jeder der mich kennt denken, Ingrid berührt eine Katze, der blanke Wahnsinn. Das stimmt, ich würde nie eine Katze berühren, ich mag diese Tiere einfach nicht.

Einzige Ausnahme ist die Katze meiner Freundin Monika, aber Mausi ist ja auch anders, die ist

105

besonders, die gefällt mir auch, aber ansonsten muss ich da passen.

War aber so, also nahm ich die Katze mit festem Griff, damit sie mir ja nicht entkam, ging durch die Kontrolle und ließ mich abtasten. Genau, da war das nächste Problem, weil ich einen Ring am Bauch hatte, mit Karl. Juhu, nun haben sie mich erstmal rausgezogen. Eine kratzende Katze am Arm, die mir schon leid tat wegen des festen Griffs, aber ich musste auch noch zum Drogentest.

Ich war diesen Spanier so dankbar, dass er mir wenigstens den Korb für die Katze zurückgab, ein Problem weniger. Der Drogenschnelltest war schnell erledigt und nun endlich ab in den Flieger.

Da konnte ich auch, als wir in der Höhe waren, meinen Beutel wechseln, der war nämlich voll.

In Deutschland angekommen, da war es echt leicht, zumindest verstand man mich wieder.

Holte dann mein Gepäck und die Hunde und heim ging es.

Wieder Daheim

Kein Mensch kann sich vorstellen, was ein Stoma für Probleme machen kann, das war der blanke Wahnsinn.

Warum, wusste ich auch nicht so genau, aber manchmal dachte ich, so kurz vor der Rückverlegung wollte Karl mir den Abschied leicht machen.

Mit einem Stoma zu leben ist ja wie mit einem siamesischen Zwilling, du hast zwar dein eigenes Leben aber trotzdem schaust du auf ihn. Klar, nachts legst du dich so, dass es passt, am Morgen gehst sofort zum Leeren. Im Normalfall richtet man auch den Essensplan nach ihm, egal wo du hin gehst oder fährst, immer eine Hand nach unten, ob ja alles passt.

Ich dachte, es würde mir dann auch fehlen, immerhin reden wir zusammen, aber es wurde von Tag zu Tag schlimmer, keine Platte hielt mehr, ich hatte mehr Wäsche als wenn ich fünf Kinder hätte, aber trotzdem war eine Verbindung da.

Auf der einen Seite sehnte ich mich danach Karl los zu werden, auf der anderen Seite, wollte ich ihn aber behalten, er gehörte doch zu mir.

Sicher hielt ich nun die Schmerzen aus, bekam dann auch noch eine Allergie auf die Pflasterplatte, die brannte wie Feuer, aber trotzdem hatte ich Angst vor der Rückverlegung, ich weiß nicht wieso.

Freiheit hatte ich keine mehr, immer fiel meine Versorgung ab, das war auf einmal wie ein Fluch. Ich glaube, dass dies auch mit der Psyche zusammenhing, eine andere Erklärung hatte ich nicht, es klappte ja vorher auch.

Wenn man so viel zusammen durchgemacht hat, ich glaube, da hat man Angst, den Weg wieder alleine zu gehen.

Was wäre, wenn es mein Darm nicht mehr schafft, dass ich nicht es nicht mehr zur Toilette schaffe, Fragen über Fragen, auch an Karl.

Na klasse, könnte ja auch ganz gut sein, dass ich mir ein Eigentor schieß. Bei der ersten Darmspiegelung hieß es, ich bräuchte ein Stoma für immer, das war erstmal ein Schlag ins Gesicht. Die zweite Darmspiegelung war wieder nicht gut, man sagte mir, ich hätte nun Verwachsungen und Gewebebrücken drin, was immer das auch bedeuten mag, Dr. Google fands nicht toll.

Trotzdem machte ich nun die dritte und wahrscheinlich beste Spiegelung bei meinem Operateur, er sagte gleich: „Ich kenne dich innen besser als du, das schaffen wir, alles wird gut. Ich kenne dich da wo dich sonst keiner kennt, nämlich von innen, und ich weiß genau wie es da aussieht, wo die Nahtstellen sind, ich habe sie schließlich gemacht."

Und er hatte mein absolutes Vertrauen.

Rückverlegung

Es stand dann fest, dass die Rückverlegung im April sein sollte, vorher noch mal Darmspiegelung mit Spülung, was ja auch nicht ganz lustig ist. Fünf Liter Flüssigkeit über das Stoma, zwei Liter zum Trinken, und dann eine Schüssel im Bett. Ach, da denkt man schon, wie armselig, wie ein Pflegefall, ich fand das furchtbar.

Erst musste man auch für mich ein leeres Zimmer finden. Ich musste mich komplett ausziehen, so mit Krankenhaushemd, weil es eine sehr nasse Angelegenheit war. Lachen musste ich aber trotzdem. Als ich nackt noch schnell auf die Toilette musste, kam plötzlich eine Schwester mit einen einem älteren Mann zur Tür rein, der sah mich an, die müden Augen wurden auf einmal groß wie Rhabarberblätter, der dachte bestimmt, er sei nun im Himmel, dabei war es nur die falsche Türe. War nur ein kurzer Moment, in dem ich grinsen konnte, weil, was dann folgte, ja nicht unbedingt lustig war.

Irgendwie haben wir es aber doch überstanden, ich und Karl, waren wohl beide froh als vorbei war.

Beim Einchecken ins Krankenhaus das gleiche Fiasko nochmal. Oh, ich hasse diese Bettpfanne, ich hätte es lieber auf der Toilette gemacht, aber den ganzen Tag im Bad geht wohl nicht, so konnte ich nebenher wenigstens bisschen fernsehen.

110

Dieses Mal hatte ich auch wieder eine sehr nette Zimmergenossin, sie wunderte sich, weil das komplette Personal mich kannte und alle sich freuten, mich wieder zu sehen. Sie fragte mich ganz verwundert, ob ich denn öfter hier wäre. Nee, öfter nicht, aber einmal sehr lange.

Für mich persönlich war es schon gleich, als ob ich wieder zu Hause wäre, alles war mir vertraut, alle freuten sich mich zu sehen. Da war es ganz egal wer das war, ob Ärzte, Pflegepersonal, Narkoseärzte, klar, ich kannte sie ja alle, das war doch sehr beruhigend.

Nächster Tag große Visite, und mein lieber Dr. Murr, sagte nur: "Bis später, das schaffen wir schon." Er beruhigte mich sehr.

Natürlich muss ich mich mit Karl von ihm verabschieden, da brauchte mein Beutel schon ein besonderes Design, aber das hatte ich ja wohl vorbereitet.

It's time to
leave now
and thank you
for saving my life!
Thanks to the team
and
especially Dr. Murr
9.9.17 - 10.4.18

Let's do it!!! Kurz bevor ich die Augen schloss, fiel mir noch ein Sprichwort ein: „Der Mohr hat seine Schuldigkeit getan, der Mohr kann gehen!"

So ist es aber nicht gemeint, der Karl lebt immer bei mir, er ist nur wieder in seine Höhle zurück, und er hat mich so viel gelehrt. Heute kann ich meinen Darm lesen, ihn spüren, das kannte ich vorher nicht, ich weiß nun genau, wann er was verdaut oder wann nicht, ich bin mit ihm eins.

Toll fand ich, dass sogar der Doktor, bevor sie mich weg beamten noch kam, meine Hand nahm und sagte: „Das packen wir, keine Angst!" So konnte ich dieses Mal wirklich entspannt in die Narkose gehen.

Ich hatte ja bereits sehr viele Operationen und es ging mir immer klasse danach, aber dieses Mal, oh je, ich hatte Schmerzen, zum ersten Mal war mir auch kotzübel und ich musste furchtbar weinen, wie ein kleines Kind. Aber dann bekam ich Schmerzmittel. Dann der übliche Blick: Decke auf, geschaut, nur noch einen Verband, Decke zu, wird schon werden.

Ich fühlte mich gut aufgehoben und immer besser, auch wenn ich es nicht gerade mit dieser Suppen-Joghurt-Diät hatte.

Die nächsten Tage vermisste ich Karl eigentlich nicht, es war, als wäre er nie da gewesen. Sicher hatte ich ab und zu mal gewohnheitsbedingt die Hand am Stoma, aber genauso schnell, wie ich mich damals an Karl gewöhnt hatte, vermisste ich ihn doch nicht mehr.

Ich konnte wieder prima auf die Toilette, also es war wie vorher.

Trotzdem denke ich gerne an ihn und wenn ich die Hand auf den Bauch leg dann spür ich ihn, und alles ist gut.

Heute kann ich sagen, ich fühle meinen Körper. Jede Bewegung des Darms kann ich nachvollziehen. Ich weiß, wenn ich etwas esse, wo genau es sich gerade im Darm befindet. Das ist schon sagenhaft, wie man seinen Körper kennenlernen kann.

Natürlich grauste mir vor der letzten und wahrscheinlich größten Operation noch gewaltig, immerhin wusste ich nun ja das immer etwas schief laufen konnte.

Meine hoffentlich letzte Operation

Nun, ich habe auch meine letzte Operation überstanden.

Geplant war sie ja für Anfang Oktober, aber aufgrund der Größe des Bauchbruchs musste sie vorgezogen werden. Inzwischen schmerzte er auch sehr.

Ich hatte große Angst vor einer so aufwändigen Operation, aber bei Dr. Murr war ich in den besten Händen. Er ist ein Meister seines Fachs und, in meinen Augen, eine Kapazität auf dem Gebiet der Bauchchirurgie.

Er setzte mir am 19.07.18, genau ein Jahr und zwei Tage nach der ersten OP, in einer über vierstündigen OP ein Implantat Netz in der Größe 30cm x 35cm ein.

Offiziell nennt sich das Narbenhernienversorgung mittels Sublay-Hernioplastik und plastische Bauchdecken-rekonstruktion nach Ramirez (posterior) beidseits.

Ich konnte bereits am nächsten Tage wieder aufstehen und spazieren gehen. Schmerzen hatte ich keine, wahrscheinlich war ich schon immun dagegen.

Nach 8 Tagen wurde ich schmerzfrei entlassen.

Ich musste noch für sechs Wochen einen Bauchgurt tragen, macht natürlich irre Spaß bei dieser Hitze die wir hatten. Aber auch diese Zeit ging rum. Erst einmal musste ich mich wieder an das Gefühl gewöhnen nix fremdes mehr an meinen Körper zu haben, ich fühlte mich immer so unvollständig.

Aber dann nach 14 Monaten Krankheit ist der Albtraum endlich vorbei!

Manchmal fragte ich mich schon wie ich dieses Jahr überlebt habe, heute weiß ich es – weil ich eine unglaublich coole Socke bin!!!!!!!!!

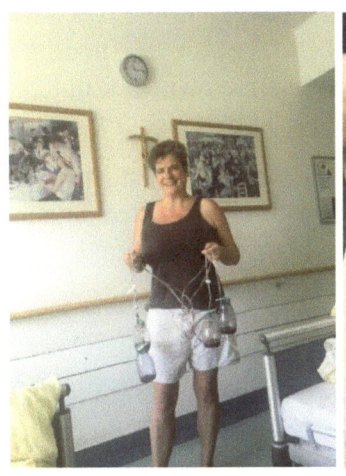
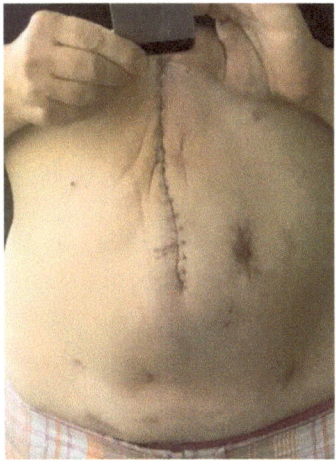

Die Entstehung dieses Buches

Ich wurde ja schon immer wieder mal von Freunden angesprochen, ich sollte doch mal ein Buch schreiben, über mein Leben.

Ja wie hätte ich es betiteln sollen?

Das aufregende Leben der Ingrid B.?

Das wäre ja ein Bildband geworden bestehend aus zehn Büchern, nein, das wollte ich nicht, ich habe zwar schon eine Biografie geschrieben, aber das ist eher privat, obwohl die ja auch schon ein ganz schöner Knaller ist.

Ich hatte auch mal einer ehemaligen Chefin gesagt, ich würde ein Kochbuch schreiben, aber in der heutigen Zeit braucht so etwas niemand mehr, man gibt nur bei Google ein was man will, dann hat man das.

Dieses Buch „von Heute auf Morgen", entstand eher, weil ich in der Stomagruppe oft Geschichten erzählt habe, die die Leute toll und lustig fanden, und mich doch gebeten haben, das niederzuschreiben.

So kam diese Idee!

Nur nun musste ich sie auch erst mal umsetzen, ich als gelernte Bürokauffrau, eine Null am Computer, zu meiner Lehrzeit gab es noch Schreibmaschine und Karteikarten, jetzt musste ich erst mal jemanden finden, der mein Laptop so herrichtet und einstellt, dass ich auch damit schreiben kann.

Ich fand jemanden, natürlich über meine Hundekontakte.

Gerhard hat aber nach dem ersten Gespräch gleich gesagt: „Oh Gott, hier treffen zwei Welten aufeinander.

Aber ich glaube, er ist auch oft an seine Grenzen gekommen, zumindest an der Stelle, wo mein Laptop, aus welchen Gründen auch immer, den Geist aufgab. Ich natürlich nichts abgesichert, kurz davor einen Koller zu bekommen. Dabei hatte er es mir bestimmt gefühlte einhundertmal gesagt.

Dann noch von überall die Vorwürfe, dass man so wichtige Dokumente einfach auf einen Stick speichert, aber egal der Robert-Redford-Typ konnte meine Datei sichern, weil er mein Computerflüsterer war.

Wie gesagt, ich lernte ihn durch die Hunde kennen, nicht das hier jemand meint, ich wäre im Internet auf einer Dating Seite gewesen.

Da bekam ich von ihm einen Kurs, er lieh mir seinen Laptop. Er: „Schalt ein", ich: „Wo?" Er: „So und nun gib den Stick rein", ich natürlich verkehrt rum. Also Geduld musste er mit mir schon aufbringen.

Beim Bilder runterladen hatte ich kein Verbindungskabel dabei, hatte er mir ja vorher nicht gesagt. Woher sollte ich denn auch wissen, dass das Schicken per WhatsApp nicht funktioniert?

Er fragte schon: "Ja speicherst du die Bilder von deinen Enkeln nicht ab?" „Nein, wieso? Ich lebe ja im Jetzt und Hier. Ich will ja Fotos wie sie nun sind und nicht mehr als Baby.

Ich habe seine Ruhe so bewundert, aber ich war auch immer sehr aufmerksam.

Aber bestimmt hatte er es schon bitter bereut, als er sagte, er hilft mir. Aber mitgefangen ist mitgehangen.

Und hingebracht haben wir es auch.

Irgendwie habe ich es mit seiner Hilfe dann doch noch geschafft, zumal ich aus der Nummer nicht mehr raus konnte, alle wussten, dass ich ein Buch schreibe und warteten darauf.

Alle waren ganz heiß auf dieses Buch, und wenn ich sage, ich mache das, dann ist auch so. Zur Not hätte ich es mit der Hand geschrieben.

Dann der Ansporn von allen, das machte mir Mut. und weckte meinen Kampfgeist.

Sicher wird es mir nun richtig langweilig werden, ich habe ja nun so viel Zeit übrig, ich habe ja jede freie Minute und unzählige Nächte an diesem Buch gesessen.

Wenn jemand nach mir fragte, hat es immer geheißen im Büro, sie schreibt

Nachwort

Ich möchte mich an dieser Stelle bei allen bedanken, die mir bei diesem Buch geholfen haben.

Mein Freund Sigi, der sofort an mich geglaubt hat.

Gerhard Hartl, für die tolle Unterstützung am PC, und bei der Gestaltung des Buches, für seinen Crash Kurs, und, dass er nie aufgegeben hat, mir etwas am Computer zu erklären. Und schließlich dann alles übernommen hat, damit dieses Buch fertig und perfekt wurde

Oliver Wendland für das Fotoshooting, für mein Stomabild.

Christine Reisinger für den lieben Text auf der Rückseite

Michaela Aulinger, die mich komplett neu eingekleidet hat

An die Facebook Gruppe: „*Beuteltier* Stoma-Träger", die mich eigentlich erst auf die Idee gebracht haben, ein Buch zu schreiben

Und an alle denen ich erzählt hab, dass ich meine Geschichte niederschreibe und mir Mut gemacht haben.

An meine Lektorin Anke Molnar

Lieben Dank an Euch alle